达人带路！北京游透透！

北京
好吃好玩真好买

《好吃好玩》编写组 编著

中国旅游出版社

北京·好吃 好玩 真好买
CONTENTS 目录

1 天安门 Tian'anmen　023

好玩　PLAY
1. 天安门广场　024
2. 人民英雄纪念碑　025
3. 天安门城楼　025
4. 长安街　026
5. 人民大会堂　026
6. 毛主席纪念堂　026
7. 中南海新华门　027
8. 劳动人民文化宫　027
9. 中国钱币博物馆　028
10. 西交民巷　028
11. 中山公园　029
12. 中国国家博物馆　029
13. 中国国家大剧院　030

好吃　EAT
1. 天安门仿膳　031
2. 全聚德（天安门店）　032
3. 东来顺（天安门店）　032

2 前门 Qianmen　033

好玩　PLAY
1. 正阳门　034
2. 前门老火车站　035
3. 北京规划展览馆　035
4. 前门大街　035
5. 前门五牌楼　036
6. 铛铛车　036
7. 钱市胡同　036
8. 大栅栏　037
9. 八大胡同　037
10. 中和戏院　038
11. 大观楼影院　038
12. 老舍茶馆　038

好吃　EAT
1. 全聚德老铺　039
2. 壹条龙饭庄　039
3. 都一处　040
4. 陈记卤煮小肠　040
5. 利群烤鸭　040

好买　BUY
1. 谦祥益　041

2. 月盛斋	041	8. 步瀛斋	043
3. 大北照相馆	042	9. 马聚源	044
4. 中国书店（前门大街店）	042	10. 内联升	044
5. 张一元	042	11. 瑞蚨祥	045
6. 六必居	043	12. 同仁堂	045
7. 祥益号	043		

3 琉璃厂 Liulichang 046

好玩 PLAY
1. 琉璃厂文化街	047
2. 安徽会馆旧址	047
3. 京报馆旧址	048
4. 荀慧生故居	048
5. 东椿树胡同	048

好买 BUY
1. 萃文阁	049
2. 一得阁	050
3. 戴月轩	050
4. 华夏书画社	050
5. 中国书店	051
6. 荣宝斋	051
7. 文物出版社门市部	051

4 珠市口 Zhushikou 052

好玩 PLAY
1. 正乙祠戏楼	053
2. 湖广会馆	054
3. 京华印书局旧址	054
4. 纪晓岚故居	055
5. 基督教会珠市口堂	055
6. 香厂路	056
7. 九湾胡同	056

好吃 EAT
1. 全聚德（和平门店）	057
2. 西来顺饭庄	058
3. 张一元茶馆	058
4. 楚畹园	059
5. 南来顺爆肚店	059
6. 晋阳饭庄	060
7. 京天红酒家	060

5 故宫 Forbidden City 061

好玩 PLAY
1. 故宫　　　　　　　　062
2. 宣仁庙　　　　　　　063
3. 皇史　　　　　　　　063
4. 普度寺　　　　　　　064
5. 陈独秀旧居　　　　　064
6. 皇城艺术馆　　　　　065
7. 菖蒲河公园　　　　　065

好吃 EAT
1. 四合轩西餐厅　　　　066
2. 东宴阁　　　　　　　066
3. 起士林　　　　　　　067
4. 诗意栖居咖啡馆　　　067

好买 BUY
1. 别古斋　　　　　　　068
2. 青瓷故事馆　　　　　068

6 景山、北海 Jingshan & Beihai 069

好玩 PLAY
1. 团城　　　　　　　　070
2. 万寿兴隆寺　　　　　071
3. 国家图书馆古籍馆　　071
4. 景山公园　　　　　　072
5. 北海公园　　　　　　072
6. 京师大学堂遗址　　　073
7. 北大红楼　　　　　　073

好吃 EAT
1. 仿膳　　　　　　　　074
2. 大三元酒家　　　　　075
3. 日昌餐馆　　　　　　075
4. 满福楼　　　　　　　075

7 王府井 Wangfujing 076

好玩 PLAY
1. 王府井步行街 ... 077
2. 北京饭店 ... 078
3. 王府井古井 ... 078
4. 王府井教堂 ... 079
5. 老舍故居 ... 079
6. 北京人艺 ... 079

好吃 EAT
1. 东来顺饭庄 ... 080
2. 全聚德（王府井店） ... 081
3. 王府井小吃街 ... 081
4. 东华门小吃一条街 ... 082
5. 香港美食城 ... 082

好买 BUY
1. 东方新天地 ... 083
2. 王府井书店 ... 084
3. 工美大厦 ... 084
4. 四联美发 ... 084
5. 吴裕泰茶庄 ... 085
6. 中国照相馆 ... 085
7. 外文书店 ... 086
8. 新中国儿童用品商店 ... 086
9. 北京市百货大楼 ... 086
10. 东安市场和新东安市场 ... 087
11. 天元利生体育商厦 ... 087
12. 乐天银泰百货 ... 088
13. 涵芬楼书店和灿然书屋 ... 088

8 隆福寺 Longfusi 089

好玩 PLAY
1. 中国美术馆 ... 090
2. 隆福寺步行街 ... 091
3. 中法大学旧址 ... 091
4. 钱粮胡同 ... 091
5. 吴佩孚故居 ... 092
6. 半亩园 ... 092

好吃 EAT
1. 大槐树烤肉 ... 093

2. 悦宾饭馆 ... 094
3. 刘宅食府 ... 094
4. 白魁老号 ... 094
5. 隆福寺小吃店 ... 095
6. 丰年灌肠 ... 095

好买 BUY
1. 三联韬奋图书中心 ... 096

9 东单 Dongdan 097

好玩 PLAY
1. 蔡元培故居 098
2. 宁郡王府 099
3. 西总布胡同 099
4. 干面胡同 100
5. 总理衙门 100
6. 东方先锋剧场 101
7. 外交部街 101

好吃 EAT
1. 日昌餐厅（东单店） 102
2. 大董烤鸭店(金宝汇店) 103
3. 秀兰小馆 103
4. 和风细雨 103

好买 BUY
1. 金宝汇购物中心 104

10 东四 Dongsi 105

好玩 PLAY
1. 段祺瑞执政府 106
2. 和敬公主府 107
3. 孙中山行宫 107
4. 顺天府学 107
5. 史家胡同 108
6. 礼士胡同 108
7. 愚公移山 108
8. 东四清真寺 109
9. 梁启超故居 109
10. 文天祥祠 109

好吃 EAT
1. 五哥烤翅 110
2. 北新桥卤煮老店 111
3. 那一年主题餐厅 111
4. 细管胡同44号私家厨房 112
5. 府上咖啡馆 112

11 雍和宫
Lama Temple 113

好玩 PLAY
1. 雍和宫　　　　　　　　114
2. 地坛公园　　　　　　　115
3. 国子监　　　　　　　　115
4. 方家胡同　　　　　　　115
5. 孔庙　　　　　　　　　116
6. 成贤街　　　　　　　　116
7. 官书院胡同　　　　　　116
8. 糖果俱乐部　　　　　　117
9. 热力猫俱乐部　　　　　117
10. 猜火车文化沙龙　　　　117

好吃 EAT
1. 早春二月　　　　　　　118
2. 葡萄院儿　　　　　　　119
3. 28号院私房菜　　　　　119
4. 方家壹贰　　　　　　　119
5. 簋街　　　　　　　　　120

好买 BUY
1. 盛唐轩　　　　　　　　121
2. 纸曰　　　　　　　　　121

12 什刹海
Shichahai 122

好玩 PLAY
1. 什刹海　　　　　　　　123
2. 广化寺　　　　　　　　124
3. 鸦儿胡同　　　　　　　124
4. 宋庆龄故居　　　　　　124
5. 恭王府　　　　　　　　125
6. 郭沫若纪念馆　　　　　125
7. 金丝套保护区　　　　　125
8. 辅仁大学旧址　　　　　126
9. 德胜门　　　　　　　　126
10. 后海酒吧街　　　　　　126

好吃 EAT
1. 烤肉季　　　　　　　　127
2. 爆肚张　　　　　　　　127
3. 厉家菜　　　　　　　　128
4. 梅府家宴　　　　　　　128
5. 九门小吃　　　　　　　128

好买 BUY
1. 荷花市场　　　　　　　129
2. 烟袋斜街　　　　　　　130

13 钟鼓楼
Drum Tower & Bell Tower 131

好玩　PLAY
1. 钟鼓楼　132
2. 后门桥　133
3. 火神庙　133
4. 广福观　133
5. 张之洞故居　134
6. 杨昌济故居　134
7. 茅盾故居　135
8. MAO Live House　135
9. 嘻哈包袱铺　135

好吃　EAT
1. 姚记炒肝　136
2. 华天地外小吃店　137
3. 浦安日式拉面屋　137
4. 万兴居褡裢粥　137

好买　BUY
1. I'm 熊猫　138
2. MEGA MEGA VINTAGE　138
3. 勺子家　138

14 南锣鼓巷
Nanluoguxiang 139

好玩　PLAY
1. 南锣鼓巷　140
2. 棉花胡同　141
3. 帽儿胡同　141
4. 中央戏剧学院　141

好吃　EAT
1. 小新的店　142
2. 锣鼓洞天　142
3. 过客　143
4. 细园　143
5. 喜鹊咖啡馆　143

好买　BUY
1. 文宇奶酪店　144
2. 朴道草堂书店　144
3. 创可贴8　145
4. 嫵　145

15 西单 Xidan 146

好玩 PLAY
1. 西单　147
2. 西单文化广场　147
3. 电报大楼　148
4. 北京音乐厅　148
5. 民族文化宫　148
6. 女师大旧址　149
7. 齐白石故居　149
8. 四方区胡同　150
9. 金融街　150

好吃 EAT
1. 西单翅酷　151
2. 六部口涮肉　151

好买 BUY
1. 中友百货　152
2. 北京图书大厦　153
3. 君太百货　154
4. 大悦城　154
5. 西单商场　155
6. 三味书屋　155

16 西四 Xisi 156

好玩 PLAY
1. 西什库教堂　157
2. 广济寺　157
3. 白塔寺　158
4. 历代帝王庙　158
5. 砖塔胡同　158
6. 鲁迅博物馆　159
7. 中国地质博物馆　159
8. 利玛窦之墓　160
9. 梅兰芳大剧院　160

好吃 EAT
1. 华天延吉餐厅　161
2. 砂锅居　161
3. 曲园酒楼　162
4. 鸿宾楼　162
5. 新疆饭庄　162

好买 BUY
1. 天意新商城　163
2. 万通新世界商品交易市场　163
3. 华联商厦　164
4. 官园小商品市场　164

17 动物园 Zoo 165

好玩 PLAY
1. 北京动物园　　　　　　166
2. 北京海洋馆　　　　　　167
3. 北京天文馆　　　　　　167
4. 中国古动物馆　　　　　168
5. 北京展览馆　　　　　　168
6. 五塔寺　　　　　　　　168
7. 国家图书馆　　　　　　169
8. 紫竹院公园　　　　　　169
9. 首都体育馆　　　　　　169

好吃 EAT
1. 莫斯科餐厅　　　　　　170
2. 阿汤哥养生汤锅店　　　170
3. 沸腾鱼乡　　　　　　　171
4. 东巴部落　　　　　　　171
5. 宴华园酒楼　　　　　　171

好买 BUY
1. 嘉茂购物中心　　　　　172
2. 华堂商场　　　　　　　172
3. 动物园服装批发市场　　173

18 新街口 Xinjiekou 174

好玩 PLAY
1. 梅兰芳故居　　　　　　175
2. 老舍出生地　　　　　　176
3. 蔡锷故居　　　　　　　176
4. 郭守敬纪念馆　　　　　176
5. 徐悲鸿纪念馆　　　　　177
6. 八道湾　　　　　　　　177

好吃 EAT
1. 西安饭庄　　　　　　　178
2. 护国寺小吃店　　　　　179
3. 新川面馆　　　　　　　179
4. 李记白水羊头　　　　　179

好买 BUY
1. 新街口　　　　　　　　180
2. 新街口百货商场　　　　180
3. 新华百货　　　　　　　181
4. 中国电影资料馆　　　　181

19 首都博物馆 Capital Museum 182

好玩 PLAY
1. 首都博物馆　　　183
2. 白云观　　　184
3. 军事博物馆　　　184
4. 中华世纪坛　　　185
5. 玉渊潭公园　　　185
6. 中央电视塔　　　185

好吃 EAT
1. 贾三灌汤包子馆　　　186
2. 烤肉宛　　　186

好买 BUY
1. 复兴商业城　　　187
2. 长安商场　　　187

20 宣武门 Xuanwumen 188

好玩 PLAY
1. 南堂　　　189
2. 沈家本故居　　　189
3. 龚自珍故居　　　190
4. 达智桥胡同　　　190
5. 天宁寺　　　190

好吃 EAT
1. 马凯餐厅　　　191

好买 BUY
1. 庄胜崇光百货 SOGO　　　192
2. 国华商场　　　192

21 牛街 Niujie 193

好玩 PLAY
1. 法源寺　194
2. 牛街礼拜寺　195
3. 西砖胡同　195
4. 林则徐故居　195
5. 湖南会馆　196
6. 绍兴会馆　196
7. 谭嗣同故居　197
8. 康有为故居　197
9. 中山会馆　197

好吃 EAT
1. 奶酪魏　198
2. 宝记豆汁店　198
3. 聚宝源　199
4. 洪记小吃店　199
5. 牛街清真超市美食城　199
6. 爆肚满　200
7. 吐鲁番餐厅　200

好买 BUY
1. 菜市口百货商场　201
2. 报国寺旧货市场　202
3. 牛街清真超市　202

22 崇文门 Chongwenmen 203

好玩 PLAY
1. 东交民巷　204
2. 东交民巷天主教教堂（圣弥厄尔教堂）　204
3. 北京警察博物馆　205
4. 明城墙遗址公园　205
5. 东便门角楼　205

好吃 EAT
1. 便宜坊　206
2. 静园川菜馆　207
3. 马克西姆餐厅　207
4. 功德林　208
5. 新侨三宝乐面包房　208

好买 BUY
1. 新世界百货　209
2. 搜秀城　210
3. 花市新华书店　210
4. 大方百货　210

23 天坛
Temple of Heaven 211

好玩 PLAY
1. 北京自然博物馆　　212
2. 天坛公园　　213
3. 龙潭公园　　213

好吃 EAT
1. 御膳饭店　　214
2. 阿兰菜馆　　214
3. 宏源南门涮肉　　215
4. 红莲烤鸭店　　215

好买 BUY
1. 红桥市场　　216
2. 天乐玩具市场　　217
3. 天桥剧场　　217
4. 德云社剧场　　217

24 工人体育场、三里屯
Workers Stadium & Village 218

好玩 PLAY
1. 工人体育场　　219
2. 工人体育馆　　220
3. 富国海底世界　　220
4. 南新仓　　220
5. 东岳庙　　221
6. 全国农业展览馆　　221
7. 保利剧院　　222
8. 三里屯酒吧街　　222

好吃 EAT
1. 郭家菜　　223
2. 新辣道梭边鱼　　223
3. Let's Burger　　224
4. 中8楼（三里屯店）　　224

好买 BUY
1. 三里屯　　225
2. 3.3大厦　　226
3. 雅秀服装市场　　226
4. 燕莎友谊商城　　226

25 朝阳公园 Chaoyang Park 227

好玩 PLAY
1. 朝阳公园　　　　　　　　228
2. 798艺术区　　　　　　　　229

好吃 EAT
1. 贵州笋笋酸汤鱼　　　　　230
2. 饭前饭后（蓝色港湾店）　230

好买 BUY
1. 蓝色港湾　　　　　　　　231
2. 北京图书批发市场　　　　231

26 国贸（国际贸易中心） China World Trade Center 232

好吃 EAT
1. 那家小馆　　　　　　　　233
2. 鸭王烤鸭店　　　　　　　234
3. 花家怡园　　　　　　　　234
4. 茶马古道(现代城店)　　　234

好买 BUY
1. 国际贸易中心　　　　　　235
2. 建外SOHO　　　　　　　　236
3. 银泰中心　　　　　　　　236
4. 万达新世界百货　　　　　237
5. 华贸购物中心　　　　　　237
6. 新光天地　　　　　　　　237
7. 友谊商店　　　　　　　　238
8. 赛特购物中心　　　　　　238
9. 秀水街　　　　　　　　　239
10. 世贸天阶　　　　　　　　239

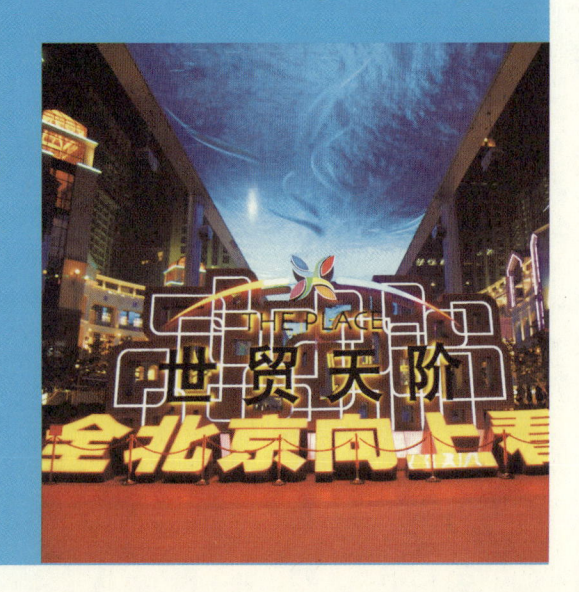

27 方庄、潘家园
Fangzhuang & Panjiayuan 240

好玩 PLAY
1. 北京欢乐谷　　　　　241

好吃 EAT
1. 方庄美食一条街　　　242
2. 都一处　　　　　　　242
3. 全聚德　　　　　　　243
4. 顺峰　　　　　　　　243
5. 秦记香辣蟹　　　　　243

好买 BUY
1. 潘家园旧货市场　　　244
2. 迪卡侬　　　　　　　244
3. 潘家园眼镜城　　　　245
4. 北京古玩城　　　　　245
5. 燕莎奥特莱斯　　　　245

28 中关村、五道口
Zhongguancun & Wudaokou 246

好玩 PLAY
1. 北京大学　　　　　　247
2. 海淀剧院　　　　　　247
3. 清华大学　　　　　　248
4. 中国人民大学　　　　248
5. 大钟寺　　　　　　　248

好吃 EAT
1. 小吊梨汤　　　　　　249
2. 青山日本料理　　　　249
3. 水晶烤肉　　　　　　250
4. 鼎泰丰　　　　　　　250

好买 BUY
1. 中关村　　　　　　　251
2. 新中关购物中心　　　251
3. 海淀图书城　　　　　252
4. 五道口　　　　　　　252
5. 五道口服装市场　　　253
6. 万圣书园　　　　　　253

29 奥林匹克公园
Olympic Park 254

好玩 PLAY

1. 奥林匹克公园　　　　255
2. 中国科学技术馆新馆　　256
3. 国家动物博物馆　　　　257
4. 中华民族园　　　　　　257
5. 炎黄艺术馆　　　　　　257

30 颐和园、香山
Summer Palace & Xiangshan 258

好玩 PLAY

1. 颐和园　　　259
2. 卧佛寺　　　260
3. 香山　　　　260
4. 北京植物园　261
5. 圆明园　　　261
6. 碧云寺　　　262
7. 八大处　　　262

北京·好吃 好玩 真好买 推荐
BEIJING

Part1 北京吃玩买，开始！

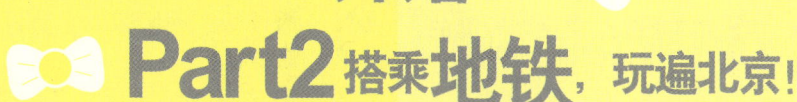

Part2 搭乘地铁，玩遍北京！

Part3 必玩必吃必买！北京旅行胜地10选！

Part 1 北京吃玩买,开始!

印象

北京是我国的首都,历史上是辽、金、元、明、清五个朝代的都城。宫廷建筑、胡同、四合院、新潮酒吧街、繁华商业区,地道的京味儿文化与时尚的摩登元素相互交融,韵味十足。

地理

北京位于华北平原西北边缘,与天津相邻,总面积16807.8平方公里。北京的西、北和东北,群山环绕。市区主要位于东南部的平原地带。

气候

北京的气候为典型的暖温带半湿润大陆性季风气候,夏季炎热多雨,冬季寒冷干燥,1月气温常在0℃以下;7月最热,最高气温有时会达到40℃。秋天是北京最美的时节,也是最佳的旅游季节。

区划

北京市共辖16个区县,分别为东城区、西城区、朝阳区、丰台区、石景山区、海淀区、门头沟区、房山区、通州区、顺义区、大兴区、昌平区、怀柔区、平谷区、延庆县、密云县。

人口

北京市户籍人口约1300万,流动人口和常住外来人口也很多。

语言

普通话。

市花

月季和菊花。

Part 2 搭乘地铁,玩遍北京!

印象

北京地铁由1号线、2号线、4号线、5号线、10号线、13号线、15号线、八通线、昌平线、房山线、大兴线、亦庄线、奥运支线和机场线14条线路组成,连接市区主要商业中心和旅游景点。

票种及票价

单一票制：2元（机场线，票价25元）

- **单程票**

  单程票可在地铁各站的自动售票机购买。

- **公共交通卡**

  市政交通一卡通适用于地铁各线，也适用于北京市内的公共电汽车线路，一卡通只要储值就能反复使用，车费会在进站刷卡时自动扣除。办理市政交通一卡通需要交纳20元押金。

Part3 必玩必吃必买！
北京旅行胜地10选！

1 天安门

天安门由城台和城楼两部分组成，是明清两代皇城的正门，如今是北京乃至中国的象征。此外，天安门广场是世界上最大的城市广场，周围有人民大会堂、人民英雄纪念碑、国家大剧院、毛主席纪念堂、中国国家博物馆等知名建筑。

2 故宫

故宫又称紫禁城，是明、清两代皇宫，也是中国现存最大、最完整的古建筑群。故宫占地72万平方米，屋宇8704间，宫殿建筑气势雄伟，是中国古代建筑艺术的精华。

③ 长城

长城是世界上修建时间最长、工程量最大的冷兵器战争时代的国家军事性防御工程。在万里长城上，分布着百座雄关、隘口，成千上万座敌台、烽火台。北京八达岭长城是中国乃至世界最具知名度的一段长城，这里是"天下九塞"之一，是万里长城的精华。

④ 什刹海

什刹海是北京唯一一处集自然风光、人文历史、市井文化、传统民俗于一身的旅游胜地。什刹海周围的胡同保存完好，在这里逛胡同是体会老北京民风民情的好地方。什刹海周边的烟袋斜街是特色小店聚集地，钟鼓楼是元、明、清代都城的报时中心，也是北京一处著名的人文景观。

⑤ 王府井

中华第一商业街——王府井大街，有"金街"的美誉，在王府井商业街上有以新东安市场、盛锡福、北京市百货大楼为代表的传统老字号，也有以北京apm、东方新天地为代表的现代商城。

⑥ 琉璃厂

琉璃厂是北京最为著名的文化街区，有许多著名老店，如荣宝斋、古艺斋、萃文阁、一得阁、中国书店等。琉璃厂以东的大栅栏街则布满各种店铺，其中包括许多著名的老字号，是北京老字号最为集中的地区。此外，大栅栏街东口的前门大街，是仿古的步行街，街道两旁云集了众多老字号商家。

7 鸟巢和水立方

北京除了有丰富精美的古建筑之外，还汇集了众多新潮建筑。其中，最为著名的是国家体育场——鸟巢、国家游泳中心——水立方。

8 全聚德

烤鸭距今已有160多年的历史，是誉满中外的美味佳肴。烤鸭有挂炉烤鸭和焖炉烤鸭之分。挂炉烤鸭是用枣、桃、梨等果木烧烤鸭子，出炉的烤鸭外焦里嫩，而且带有一种特殊的香味。焖炉烤鸭是凭炉墙热力烘烤鸭子，不见明火，炉内温度先高后低，烤出的鸭子外皮酥脆，内层丰满，肥而不腻。挂炉以"全聚德"为代表。

9 便宜坊

便宜坊创建于清咸丰五年（1855），是一家老字号烤鸭店。京城烤鸭分为焖炉和挂炉两大流派，便宜坊是焖炉烤鸭派系的代表，其特点是烤鸭不见明火，鸭膛内灌入特制老汤，外烤内煮，出炉的烤鸭外脆里嫩，香气四溢，肉质鲜嫩，令人回味无穷。

10 南锣鼓巷

南锣鼓巷位于鼓楼东南，是北京最古老的街区之一。南锣鼓巷是一条南北向的长巷，如今已是北京人气最高的休闲街区。

1 天安门
Tian'anmen

PLAY 好玩 024

EAT 好吃 031

1 天安门
Tian'anmen

PLAY

好玩

北京 好吃·好玩·真好买

1 天安门广场 Tian'anmen Square

■ 当今世界上最大的城市中心广场　■推荐星级 ★★★★★

天安门广场是北京的心脏地带，广场南北长880米，东西宽500米，面积达44万平方米，可容纳100万人举行盛大集会，具有显赫的政治地位和丰富的历史内涵。

　　天安门广场上的五星红旗，每天跟随太阳，朝升暮降。庄严隆重的升、降旗仪式吸引着无数中外游客前来参观。天安门广场国旗的升降时间与太阳探出、沉入地平线的时间相一致，是由北京天文台专门计算的。每月1日是有军乐队现场伴奏的大型升国旗仪式。

攻略HOW

■交通　乘1、5、10、22、52、728路在天安门西站下即可；地铁1号线天安门西站C口、地铁2号线前门站下车

2 人民英雄纪念碑 Monument to the People's Heroes

人民英雄永垂不朽 ■推荐星级 ★★★★★

人民英雄纪念碑位于天安门广场中心，碑身高37.94米，碑座占地3000平方米。碑身正面是毛泽东题写的"人民英雄永垂不朽"八个镏金大字，背面是周恩来书写的碑文。碑座四周镶嵌着八大两小共十幅以革命历史事件为主题的汉白玉浮雕，全景式地展现了中国近现代的革命历程。

攻略HOW
- **地址** 位于天安门广场中心
- **交通** 乘1、5、10、22、52、728路在天安门西站下即可；地铁1号线天安门西站C口

天安门

3 天安门城楼 Tian'anmen Rostrum

新中国的象征 ■推荐星级 ★★★★★

攻略HOW
- **地址** 天安门广场的北端
- **交通** 乘1、5、10、22、37、52、728、802路在天安门西站下即可；地铁1号线天安门西站B口、天安门东站A口
- **门票** 15元，学生5元
- **电话** 010-63095745

天安门城楼原为皇城的正门，叫承天门，取"承天启运，受命于天"之意，建于明永乐十五年（1417），至今已有近600年的历史，它是中国古代最壮丽的城楼之一，并以其杰出的建筑艺术和特殊的政治地位为世人所瞩目。

北京城东西、南北两条中轴线在天安门城楼前相交，决定了北京城的中心坐标及其四周大街小巷的走向，从而形成了北京城纵横交错"棋盘街"式的格局。

4 长安街 Chang'an Street

中国第一街　■推荐星级 ★★★★★

长安街修筑于明永乐年间，与皇城同时建造，是北京城的东西纵贯线。古时候长安街从东单到西单，仅3.7公里。现在的长安街沿线东起通州运河广场，西至首钢东门，全长约46公里，被誉为"百里长街"。沿途经过东单、王府井、天安门广场、西单等北京最繁华的地段。

攻略HOW
- **地址** 东起通州运河广场，西至首钢东门

---

5 人民大会堂 Great Hall of People

国家重要的政治活动场所　■推荐星级 ★★★★★

攻略HOW
- **地址** 天安门广场西侧
- **交通** 乘1、5、10、22、37、52、728、802路在天安门西站下即可；地铁1号线天安门西站C口
- **门票** 15元，学生5元
- **电话** 010-63095745

人民大会堂为新中国成立十周年首都十大建筑之一，仅用了10个多月就建成完工，创造了中国建筑史上的一大奇迹。大会堂主要由三个部分组成：北部有可容纳5000人的宴会厅，中部是万人大礼堂，南部是全国人大常委会办公楼。建筑平面呈"山"字形，整个建筑庄严雄伟、朴素典雅。

---

6 毛主席纪念堂
Chairman Mao's Memorial Hall

一代领袖在这里长眠　■推荐星级 ★★★★★

毛主席纪念堂位于天安门广场南侧，于1977年落成。毛泽东的遗体就安放在瞻仰厅中央的水晶棺内。纪念堂内还设立了毛泽东、周恩来、刘少奇、朱德、邓小平、陈云革命业绩纪念室，供人们参观。

攻略HOW
- **地址** 天安门广场南端
- **交通** 乘1、10、22、37、52、728路在天安门西站下车，或2、5、20、120路在天安门广场西站下车；地铁1号线天安门东站D口、地铁2号线前门站A口
- **门票** 免费
- **电话** 010-65132477
- **开放时间** 每周二至周日8:30～11:30，周二、周四14:00～16:00

7 中南海新华门 Xinhua Gate

中南海的正门 ■推荐星级 ★★★★★

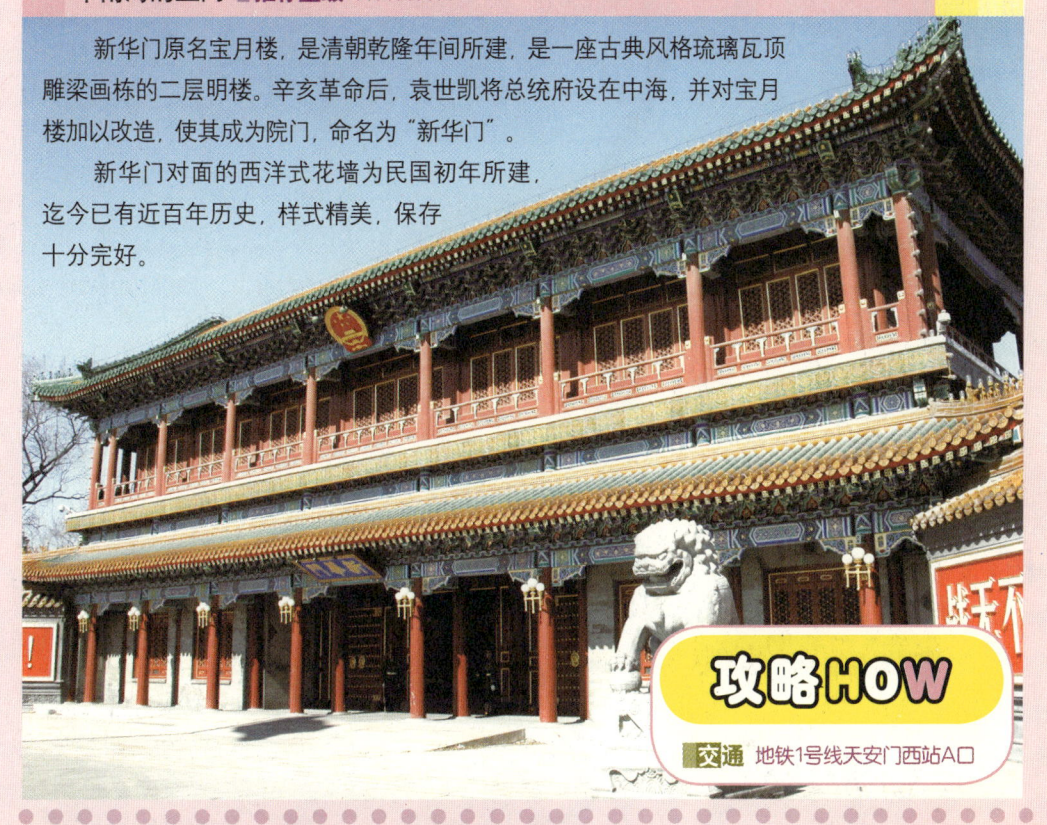

新华门原名宝月楼，是清朝乾隆年间所建，是一座古典风格琉璃瓦顶雕梁画栋的二层明楼。辛亥革命后，袁世凯将总统府设在中海，并对宝月楼加以改造，使其成为院门，命名为"新华门"。

新华门对面的西洋式花墙为民国初年所建，迄今已有近百年历史，样式精美，保存十分完好。

天安门

攻略HOW

交通 地铁1号线天安门西站A口

8 劳动人民文化宫 Working People's Culture Palace

明清两代皇帝祭祖的宗庙 ■推荐星级 ★★★★★

攻略HOW

地址 东城区天安门城楼东侧
交通 乘1、5、10、22、52、728路在天安门东站下车；地铁1号线天安门东站A口
门票 2元
电话 010-65252189

北京市劳动人民文化宫的所在地原为太庙，始建于明永乐十八年（1420）。明朝修建紫禁城时，依据古代王都"左祖右社"的规制，修建了太庙和社稷坛。

太庙是我国现存最完整、规模最宏大的皇家祭祖建筑群。建筑采用中轴对称式布局，琉璃门、汉白玉石拱桥、戟门、三大殿依次排列在中轴线上。前殿供奉着历代帝后的牌位，矗立在三层汉白玉台基之上，比故宫太和殿还高2米，有着至高无上的地位。

9 中国钱币博物馆 Chinese Numismatic Museum

保商银行的旧址 ▍推荐星级 ★★★

保商银行建于19世纪30年代。是一栋三层西洋式建筑，现为中国钱币博物馆所在地。中国钱币博物馆收藏有古今中外钱币及与钱币有关的其他文物30余万件，其中有不少具有很高学术价值的珍贵文物。

攻略HOW

- **地址** 西城区西交民巷17号
- **交通** 乘1、10、22、37、52、728路在天安门西站下车，或2、5、20、120路在天安门西站下车；地铁1号线天安门西站C口、2号线前门站A或C口
- **门票** 10元
- **电话** 010-66081385

10 西交民巷 Xijiaominxiang

老北京的金融街 ▍推荐星级 ★★★★

攻略HOW

- **地址** 东起天安门广场，西至北新华街
- **交通** 乘1、10、22、37、52、728路在天安门西站下车，或2、5、20、120路在天安门西站下车；地铁1号线天安门西站、2号线前门站

西交民巷明代时称西江米巷，全长约1080米。当时街北分布五军都督府、太常寺、通政使司、锦衣卫等中央机构。清代时取其谐音改称西交民巷。清末民初时期，这条街上曾开设过数十家银行、银号，是当时名副其实的金融街。1905年清政府在这里开办了中国最早的银行——户部银行。现在，街内还留存着中央银行北平分行、中国农工银行，以及大陆银行、北洋保商银行等西洋风格的历史建筑，值得前往。

11 中山公园 Zhongshan Park

明清时期的社稷坛　▎推荐星级 ★★★★★

攻略HOW

地址 东城区中华路4号
交通 乘1、5、10、22、52、728路在中山公园站下车；地铁1号线天安门西站
门票 3元
电话 010-66055431

天安门

社稷坛是明、清皇帝祭祀土地神和五谷神的地方。1914年辟为中央公园。为纪念孙中山先生，1928年改名中山公园。社稷坛位于公园中心，为汉白玉砌成的三层平台。坛上铺着由全国各地进贡来的五色土：中黄、东青、南红、西白、北黑，以道教的五行学说表示"普天之下，莫非王土"之意。

公园南门内的"保卫和平"牌坊原本是臭名昭著的"克林德"坊，是中国人民反抗外国列强侵略的历史见证。1918年该坊由东单迁入中央公园并改名为"公理战胜"坊，1952年改今名。公园内现绿草如茵，古树参天，环境极为幽静。

12 中国国家博物馆 National Museum of China

世界上最大的博物馆之一　▎推荐星级 ★★★★★

攻略HOW

地址 东城区东长安街16号
交通 乘1、5、10、22、52、728路在天安门站下车；地铁1号线天安门东站C口
门票 3元
电话 010-84689150

中国国家博物馆位于天安门广场东侧，与人民大会堂遥相呼应。它的前身是中国历史博物馆和中国革命博物馆，改扩建后的中国国家博物馆是世界上最大的博物馆之一，硬件设施和功能为世界一流。展厅数量多达40余个，"古代中国"、"复兴之路"为国家博物馆的基本陈列，收藏了反映中国古代、近现代、当代历史的珍贵文物。除此之外还设有10余个各艺术门类的专题陈列展览及国际交流展览。

13 中国国家大剧院 National Centre for the Performing Arts

北京的新地标　推荐星级 ★★★★★

攻略HOW

- **地址** 西城区西长安街2号
- **交通** 乘1、5、10、22、37、52、728、802路在天安门西站下车；地铁1号线天安门西站C口
- **门票** 30元，学生半价，网上订票25元（官方网站：http://www.chncpa.org/）
- **电话** 010-66550989

国家大剧院位于北京人民大会堂西侧，占地11.89万平方米，由法国著名建筑师保罗·安德鲁主持设计。大剧院建筑主体为独特的壳体造型，壳体表面由18398块钛金属板和1226块超白玻璃巧妙拼接，营造出舞台帷幕徐徐拉开的视觉效果。壳体外环绕着四季恒温的人工湖，各种通道和入口都设在水面下。国家大剧院内部的公共大厅拥有世界跨度最大的穹顶，大厅内设有歌剧院、音乐厅、戏剧场和小剧场。

大剧院全年上演国内外顶级的演出，并且经常举办音乐讲座、周末音乐会等艺术普及活动。

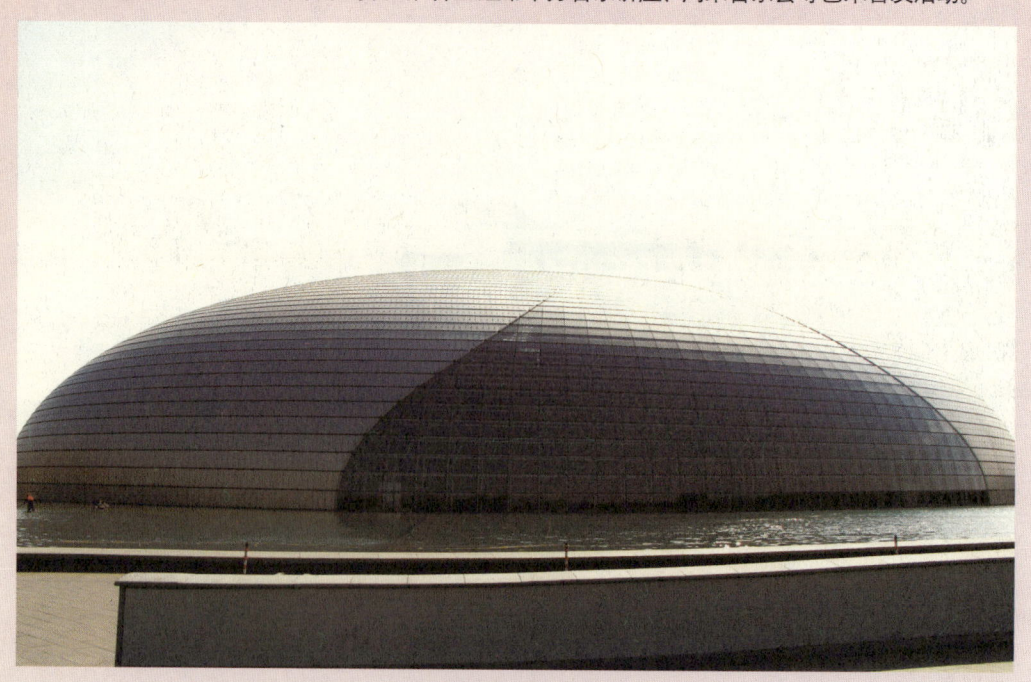

1 天安门 Tian'anmen

EAT 天安门

好吃

1 天安门仿膳 Tian'anmen Fangshan

体验皇家御膳的滋味　推荐星级 ★★★★

特色菜肴：
豌豆黄　芸豆卷　炒素鳝丝　宫保虾仁

攻略HOW

地址 东城区东交民巷37号
交通 乘1、5、10、22、37、52、728、802路在天安门东站下车；地铁1号线天安门东站D口、2号线前门站A口
电话 010-65233105

仿膳的前身是宫里的御膳房，不管是大菜还是点心都做得非常精致。豌豆黄和芸豆卷是店里最受欢迎的点心，香甜细糯，不少人就是冲着它们来的。

北京 好吃·好玩·真好买

② 全聚德（天安门店）Quanjude Peking Roast Duck

"独一无二"的京城名片　■推荐星级 ★★★★★

特色菜肴：
烤鸭　芥末鸭掌　火燎鸭心

攻略HOW

地址 东城区东交民巷44号
交通 乘1、5、10、22、37、52、728、802路在天安门东站下车；地铁1号线天安门东站C口、2号线前门站A口
电话 010-65122265

全聚德天安门店位于天安门广场东南侧，这里没有全聚德前门老店那样火暴，不需要等位，逛完天安门来这里用餐，也不失为一种选择。

③ 东来顺（天安门店）Donglaishun Restaurant

京城涮羊肉之冠　■推荐星级 ★★★★

东来顺创建于1903年，以经营独具民族特色的涮羊肉而驰名海内外。这里的羊肉都选自内蒙古的黑头白羊，肉质细腻，入口即化，而且没有腥膻异味，让很多平时不吃羊肉的人都爱上了这一口。是北京最有名的老字号之一，值得推荐。

特色菜肴：
涮羊肉

攻略HOW

地址 东城区东交民巷44号院
交通 乘1、5、10、22、37、52、728、802路在天安门东站下车；地铁1号线天安门东站D口、2号线前门站A口
电话 010-65241042

2 前门
Qianmen

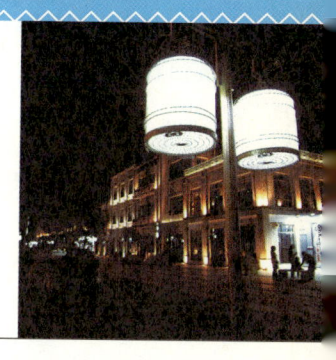

PLAY 好玩 034

EAT 好吃 039

BUY 好买 041

北京 好吃・好玩・真好买

2 前门 Qianmen

PLAY 好玩

① 正阳门 Zhengyangmen

京城九门之首　推荐星级 ★★★★★

正阳门就是平常老百姓所说的"前门楼子",建于明永乐年间。它处在北京城的南北中轴线上,是北京内城的正门。它融城楼、箭楼与瓮城为一体,构成一座完整的古代防御性建筑体系。城楼高42米,为灰筒瓦绿琉璃剪边,重檐歇山式三滴水结构,古朴巍峨,是旧时北京最高的建筑。

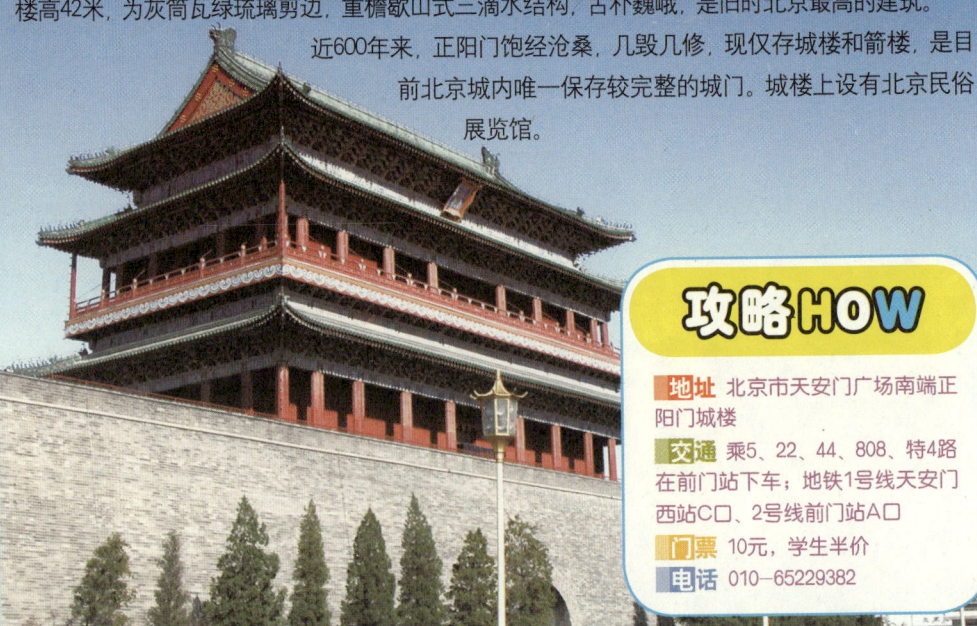

近600年来,正阳门饱经沧桑,几毁几修,现仅存城楼和箭楼,是目前北京城内唯一保存较完整的城门。城楼上设有北京民俗展览馆。

攻略HOW

地址 北京市天安门广场南端正阳门城楼

交通 乘5、22、44、808、特4路在前门站下车;地铁1号线天安门西站C口、2号线前门站A口

门票 10元,学生半价

电话 010-65229382

2 前门老火车站 Qianmen Railway Station

中国最早的火车站 ▍推荐星级 ★★★★

前门火车站始建于1901年，当时英国侵略者为了军事运输需要和加强对北京城的控制，强行将铁路从永定门延伸到正阳门，并建成了当时全国最大的火车站，也是当时中国最大的交通枢纽——京奉铁路正阳门东车站。

100多年后的今天，前门老火车站化身成北京铁路博物馆，用大量的文物和历史图片展示中国铁路走过的漫漫征途。

攻略HOW
- **地址** 东城区正阳门东侧
- **交通** 乘5、22、44、808、特4路在前门站下车；地铁2号线前门站B口
- **门票** 20元，学生半价

3 北京规划展览馆 Beijing Planning Exhibition Hall

老北京的前世今生 ▍推荐星级 ★★★★

北京规划展览馆位于前门老火车站东侧，这里是一个展示北京历史、现代和未来城市发展的窗口。规划展览馆中最吸引人的是302平方米的北京城市规划模型，它以1：750的比例展现了北京四环路以内的城市景观，让人感觉仿佛是在北京城上空漫步。

攻略HOW
- **地址** 东城区前门东大街20号
- **交通** 乘5、22、44、808、特4路在前门站下车；地铁2号线前门站B口
- **门票** 30元，学生半价，3D多媒体影院10元，4D多媒体影院10元
- **电话** 010-67017074

4 前门大街 Qianmen Street

北京古老的商业街 ▍推荐星级 ★★★★★

前门大街自明成祖迁都北京以来就是皇帝去天坛、先农坛祭祀的必经之路。明朝中叶，由于商业的发达，前门大街两侧出现了鲜鱼口、珠市口、煤市口、粮食店等集市和街道，前门大街才成为一条商业街，商贾云集，热闹非凡。

经过改造和仿建，前门大街被打造成一条既古老又现代的商业步行街。原来大街两边的老字号又被请了回来，铛铛车也回到前门，重现当年的辉煌，前门已经成为京城一道新景观。

攻略HOW
- **交通** 乘5、22、44、808、特4路在前门站下车；地铁2号线前门站B、C口

北京 好吃·好玩·真好买

5 前门五牌楼 Qianmen's Wupailou

前门的标志性建筑 ■推荐星级 ★★★★

攻略HOW

地址 东城区前门大街
交通 乘5、22、44、808、特4路在前门站下车；地铁2号线前门站B、C口

前门五牌楼位于大街北端，历史上是北京最大的街中牌楼。早年，北京的老人说"去五牌楼"，指的就是去前门大街。现在的五牌楼是2008年依照原状在原址复建的，雕梁画栋，富丽堂皇。

6 铛铛车 Dangdang Street Car

最怀旧的前门体验 ■推荐星级 ★★★★

攻略HOW

地址 东城区前门大街
交通 乘5、22、44、808、特4路在前门站下车；地铁2号线前门站B、C口
门票 20元

铛铛车其实就是有轨电车，因为这种车开起来时，司机会拉响铃铛发出有节奏的"铛铛"声，老百姓就亲切地称它是铛铛车。现在停运半个世纪之久的铛铛车又回到了前门大街，投入运行的两部车都是严格按照过去的样式设计制造的，车站位于新修复的前门五牌楼下，单程走完840米的前门大街需要10分钟。

7 钱市胡同 Qianshi Hutong

一夫当关，万夫莫开 ■推荐星级 ★★★★

钱市胡同位于北京市珠宝市街西侧，大栅栏以北，是北京最窄的胡同，全长只有55米，平均宽度是70厘米，最窄处仅有40厘米。过去这里是兑换银钱的市场，为了防止盗窃和抢劫，两侧的银号把胡同修得非常窄小，让坏人无处藏身。有时间可以去逛一逛，体验一下这最窄的胡同。

攻略HOW

交通 乘2、20、71、120、826路大栅栏站；地铁2号线前门站B、C口

8 大栅栏 Dashila

繁华市井何处有，大栅栏内去转悠 ▍推荐星级 ★★★★★

攻略HOW

交通 乘2、20、71、120、826路在大栅栏站下车；地铁2号线前门站B、C口

大栅栏是前门外一条著名的商业街，东起前门大街，西至煤市街，全长近300米。大栅栏兴起于元代，已有600多年的历史。过去这里是北京繁华的商业娱乐中心，许多老字号和戏院都设立于此。旧日北京的豪门巨贾中流传着"头顶马聚源，脚踩内联升，身穿瑞蚨祥"的说法，上流社会中的名牌衣着都来自大栅栏的老字号。现在大栅栏仍保留着这些古董门脸，出售着老字号的商品。

9 八大胡同 Ba Da Hutong

旧时烟花柳巷，今日市井人家 ▍推荐星级 ★★★★

攻略HOW

交通 乘2、20、71、120、826路大栅栏站；地铁2号线和平门站B、C口

八大胡同曾经是老北京最有名的一片胡同群，赛金花、小凤仙的名字和这里有着千丝万缕的联系。这八条胡同分别是百顺胡同、胭脂胡同、韩家潭、陕西巷、石头胡同、王广福斜街、朱家胡同、李纱帽胡同。

在旧时代"八大胡同"就是指大栅栏附近酒馆妓院密集的区域，如今八大胡同已经不存在了，只是在一些建筑上还能看到当年这里作为风月之所的痕迹，这也是特定的年代留下来的历史的产物。

前门

北京 好吃·好玩·真好买

10 中和戏院 Zhonghe Theater

京戏剧院中的"老字号" ■推荐星级 ★★★

中和戏院旧称"中和园"，成立于清末，见证了从徽班进京到京剧形成及发展到鼎盛的全过程，谭鑫培、杨小楼、余叔岩、梅兰芳等艺术家都曾在中和献艺。中和戏院至今还经常有京剧演出。

攻略 HOW
- 地址 西城区粮食店街5号
- 交通 乘2、20、71、120、826路大栅栏站；地铁2号线前门站C口
- 电话 010-63030403

11 大观楼影院 Daguanlou Cinema Theater

中国电影诞生地 ■推荐星级 ★★★★

攻略 HOW
- 地址 西城区前门大栅栏街36号
- 交通 乘2、20、71、120、826路大栅栏站；地铁2号线前门站B、C口
- 电话 010-63030878

大观楼影院是南城最早的放映电影的场所之一，距今已有百年历史。由戏剧名角谭鑫培主演的中国第一部戏曲片《定军山》就是在大观楼首映的。在北京这座最老的电影院，正在上映着最新潮的电影。

12 老舍茶馆 Lao She Teahouse

来一碗二分钱的大碗茶 ■推荐星级 ★★★★★

攻略 HOW
- 地址 西城区前门西大街正阳市场3号楼
- 交通 乘5、22、44、808、特4路前门站；地铁2号线前门站C口
- 电话 010-63036830

以前老北京遍布着卖大碗茶的茶摊，老舍茶馆就是由茶摊起家的，现在大碗茶在北京已经几乎绝迹，只有这里为了保留传统，还在坚持这个不挣钱的买卖，他们每天10:00~16:30在茶馆门口设摊卖茶，还是二分钱一碗。

老舍茶馆现在是一家融餐饮和表演为一体的京味儿文化场所，在这里既能看到传统的曲艺演出，也能品到馨香的好茶，还能吃到地道的老北京风味美食。

2 前门 Qianmen

EAT 前门

好吃

1 全聚德老铺 Quanjude Restaurant

百年全聚德的发源地 ▌推荐星级 ★★★★

老字号"全聚德"始建于1864年，历史悠久、驰名中外。全聚德的挂炉烤鸭是北京一大名吃，用果木烤出来的鸭子皮质酥脆，肉质鲜嫩，气味芳香，让人百吃不厌。来北京吃全聚德烤鸭是外地游客的必做功课。

特色菜肴： 烤鸭 盐水鸭肝

攻略HOW

- **地址** 西城区前门大街30号
- **交通** 乘5、22、44、808、特4路前门站；地铁2号线前门站B、C口
- **电话** 010—67011379

2 壹条龙饭庄 Yitiaolong Restaurant

正宗的京城涮肉 ▌推荐星级 ★★★★

"壹条龙"经营涮羊肉已有220多年的历史，一直延续着传统的铜火锅吃法，具有选肉精、加工细、作料全、主食香四大特点。当年光绪皇帝也曾到店里吃过涮肉，至今店里还保留着他用过的铜锅。

特色菜肴： 涮羊肉 羊肉串

攻略HOW

- **地址** 西城区前门大街27号
- **交通** 乘5、22、44、808、特4路前门站；地铁2号线前门站B、C口
- **电话** 010—63037895

039

3 都一处 Duyichu Restaurant

乾隆爷垂青的烧卖馆 ■ 推荐星级 ★★★★

相传乾隆皇帝在某年的除夕夜，微服私访到了一家小酒店，感叹道，这时候还能开店迎客的，全京城也就你们这一处了。于是派太监赐匾取名"都一处"。都一处由此而声名大振。都一处标榜其烧卖清白晶莹，馅香而不腻，皮薄味美，是北京的经典老字号，值得一尝。

● **特色菜肴：** 烧卖 乾隆白菜 炸三角

攻略HOW
- **地址** 西城区前门大街38号
- **交通** 乘5、22、44、808、特4路前门站；地铁2号线前门站B、C口
- **电话** 010-67021555

---

4 陈记卤煮小肠 Chenji Luzhu Xiaochang

地道的老北京小吃 ■ 推荐星级 ★★★★★

陈记卤煮小肠深藏在胡同里，经营了很多年，店面本身其貌不扬，但他们家的卤煮是许多老北京人的最爱，味道绝对经典。卤煮小肠是用猪小肠和心、肝、肺、肚等加上油豆腐和火烧在老汤里煮出来的，是北京风味小吃。门前的食客可以说络绎不绝。

● **特色菜肴：** 卤煮小肠

攻略HOW
- **地址** 西城区取灯胡同3号
- **交通** 乘2、20、71、120、826路大栅栏站；地铁2号线前门站B、C口

---

5 利群烤鸭 Liqun Roast Duck

名声在外的草根烤鸭店 ■ 推荐星级 ★★★

利群烤鸭店开在一个不大的四合院里，招牌也很小，但客人络绎不绝，很多名人和外国政要都曾到这里就餐。老板是以前全聚德的师傅，手艺自不必说，这里烤鸭是限量供应的，所以一定要提前订好位子。

● **特色菜肴：** 烤鸭 干烧鸭四宝

攻略HOW
- **地址** 西城区前门东大街正义路南口北翔凤胡同11号
- **交通** 乘8、9、59、723、729路正义路站；地铁2号线前门站

2 前门 Qianmen

BUY 前门

好买

1 谦祥益 Qianxiangyi

全国规模最大，经营品种最全的丝绸专营店　推荐星级 ★★★

在前门和大栅栏一带，有八家带"祥"字的绸布店，是老北京最负盛名的八家绸布店，被人们称为"八大祥"，谦祥益就是其中之一。它古色古香、中西合璧的建筑有百年历史，很值得一看。

攻略 HOW

- 地址　西城区前门大街珠宝市5号
- 交通　乘5、22、44、808、特4路前门站；地铁2号线前门站C口
- 电话　010—63031859

2 月盛斋 Yueshengzhai

专营清真酱牛羊肉的老字号　推荐星级 ★★★★

攻略 HOW

- 地址　西城区前门大街1号
- 交通　乘5、22、44、808、特4路前门站；地铁2号线前门站C口
- 电话　010—63030370

月盛斋历史悠久，是一家自产自销烧羊肉、酱羊肉、酱牛肉的传统风味食品名店。他们的五香酱羊肉、夏令烧羊肉是清代御用的上等礼品。

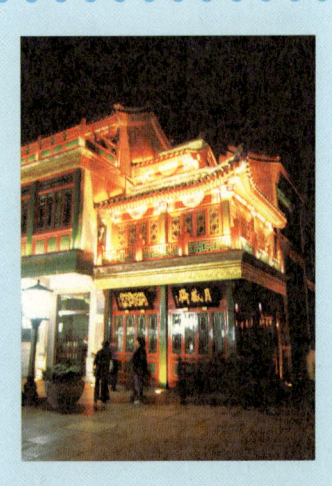

③ 大北照相馆 Dabei Photo Gallery

北京老牌的照相馆 ■ 推荐星级 ★★★★

攻略 HOW

- **地址** 西城区前门大街68号
- **交通** 乘5、22、44、808、特4路前门站；地铁2号线前门站B口
- **电话** 010-67022326

大北照相馆始建于1921年，最开始以擅长拍摄戏装照著称。从1954年起，他们便负责为历届中央会议拍照，还拍摄了几代领导人的接见活动，一次次地见证了中国历史上的重大事件，成为北京最著名的老字号照相馆。

---

④ 中国书店（前门大街店） Chinese Bookstore

淘古旧书的好去处 ■ 推荐星级 ★★★★

中国书店是经营古旧书刊、文献的国营老书店，有50多年的历史，很多已经绝版的老书都能在这里找到。是书虫淘宝的好去处。

攻略 HOW

- **地址** 西城区前门大街80号
- **交通** 乘5、22、44、808、特4路前门站；地铁2号线前门站B口
- **电话** 010-67020783

---

⑤ 张一元 Zhangyiyuan

中国茶叶第一品牌 ■ 推荐星级 ★★★★★

攻略 HOW

- **地址** 西城区前门大栅栏街22号
- **交通** 乘2、20、71、120、826路大栅栏站；地铁2号线前门站B、C口
- **电话** 010-63034001

著名的老字号茶庄张一元已有百年历史，他们的小叶花茶以其"汤清、味浓、入口芳香、回味无穷"的特色，深得国内外茶客的欢迎。张一元的茉莉花茶窨制技艺还被列入了国家级非物质文化遗产保护项目。

❻ 六必居 Liubiju

历久不衰的酱菜园 ▮ 推荐星级 ★★★★★

攻略HOW

- **地址** 西城区粮食店街3号
- **交通** 乘2、20、71、120、826路大栅栏站；地铁2号线前门站B、C口
- **电话** 010-88433907

相传六必居创自明朝中叶，是北京酱菜园中历史最久、声誉最显赫的一家。六必居的酱菜选料精细、制作严格，做出来的酱菜酱味浓郁、色泽鲜亮、脆嫩馨香、咸甜适口，清代时还被选作宫廷御品供皇上和妃嫔们享用。

❼ 祥益号 Xiangyihao

卖绸布的著名"八大祥"之一 ▮ 推荐星级 ★★★★

攻略HOW

- **地址** 西城区前门大栅栏街1号
- **交通** 乘2、20、71、120、826路大栅栏站；地铁2号线前门站C口
- **电话** 010-88433907

祥益号靠近大栅栏东口，是从前门大街进入这条街后看到的头一个最气派的古商建筑，精美的西洋式铁栅栏赫然入目。祥益号也是"八大祥"之一，现在老字号已经消失，改为其他经营，但主体建筑保存完好。

❽ 步瀛斋 Buyingzhai

京城老字号鞋店 ▮ 推荐星级 ★★★★★

攻略HOW

- **地址** 西城区前门大栅栏街8号
- **交通** 乘2、20、71、120、826路大栅栏站；地铁2号线前门站B、C口
- **电话** 010-63186934

步瀛斋鞋店始创于清咸丰八年（1858），前店后厂，以制作布鞋为主，当时主要服务于当朝官员和上流社会的达官显贵。现在他们主要面向老百姓，价钱便宜、舒服合脚的布鞋最受欢迎。

前门

9 马聚源 Majuyuan

以官帽发家的百年老号 ■推荐星级 ★★★★

攻略HOW

地址 西城区前门大栅栏街8号
交通 乘2、20、71、120、826路大栅栏站；地铁2号线前门站B口
电话 010-63035955

马聚源的帽子在过去享誉京城，主要经营宫廷需要的缨帽和富人戴的高级帽子。马聚源也是北京第一家少数民族帽店，现在和步瀛斋共用一个门脸经营。

10 内联升 Neiliansheng

中国布鞋第一家 ■推荐星级 ★★★★★

攻略HOW

地址 西城区前门大栅栏街34号
交通 乘2、20、71、120、826路大栅栏站；地铁2号线前门站C口
电话 010-63014863

内联升始建于1853年，最早是一家朝靴店，专为皇亲国戚、朝廷官员制作朝靴。内联升的千层底布鞋十分有名，至今仍坚持手工缝制。在店内可以看到师傅现场演示布鞋的制作过程。

11 瑞蚨祥 Ruifuxiang

前门"八大祥"之一 ▎推荐星级 ★★★★★

攻略HOW

▎地址 西城区前门大栅栏街5号
▎交通 乘2、20、71、120、826路大栅栏站；地铁2号线前门站B、C口
▎电话 010-63035764

瑞蚨祥绸布店位于大栅栏商业街上，是一座西式巴洛克风格的商店，豪华而别致。瑞蚨祥始建于清光绪十九年（1893），至今仍是一个营业面积近千平方米的丝绸商店，主要经营绸缎、呢绒、皮货、民族服饰等。

12 同仁堂 Tongrentang

国内最负盛名的老药铺 ▎推荐星级 ★★★★★

攻略HOW

▎地址 西城区前门大栅栏街24号
▎交通 乘2、20、71、120、826路大栅栏站；地铁2号线前门站B口
▎电话 010-63031155

同仁堂创建于1669年，自1723年开始贡奉御药，历经八代皇帝，走过300多年的风雨历程。这座百年老店一直恪守"炮制虽繁必不敢省人工，品味虽贵必不敢减物力"的古训，他们的药品以配方独特、选料上乘、工艺精湛、疗效显著而闻名，深得患者信赖。

琉璃厂 3
Liulichang

PLAY 好玩 047

BUY 好买 049

3 琉璃厂 Liulichang

PLAY

琉璃厂

好玩

1 琉璃厂文化街 Liulichang

文人雅士聚集的文化长廊　推荐星级 ★★★★★

攻略HOW

地址 西城区和平门外大街
交通 乘7、14、15、66、70路琉璃厂站；地铁2号线和平门站C、D口

旧时北京的琉璃厂处于外城的西部，是清朝的汉族官员聚居的地方。当时全国各地的会馆都集中在这里，进京赶考的学子也纷纷到此处落脚，久而久之琉璃厂便形成了一股浓浓的文化氛围，一批经营笔墨纸砚、古玩书画的商铺也随之发展起来，直到今天依然兴盛不衰。

2 安徽会馆旧址 Anhui Guild Hall

旧京城著名会馆　推荐星级 ★★★★

攻略HOW

地址 西城区椿树街道后孙公园胡同3号、25号和27号
交通 乘7、14、15、66、70路琉璃厂站；地铁2号线和平门站C、D口，4号线菜市口站A口

　　安徽会馆是以李鸿章为首的安徽籍官员和淮军将领捐款集资修建的，建筑精美，其规模居京城会馆之首。与其他省籍会馆不同，安徽会馆只接待在职的州、县级官员和副参将以上的实权人物。清光绪二十四年（1898），这里曾作为康有为等维新党人的活动场所。

3 京报馆旧址
Site of Peking Press Newspaper Office

近代著名新闻工作者邵飘萍的故居　推荐星级 ★★★★★

攻略 HOW

地址 西城区魏染胡同30号
交通 乘5、70、102、105、603、特5路在果子巷站下车；地铁4号线菜市口站A口

魏染胡同的30号院是京报馆旧址，是一座浅灰色的两层西式小楼，现在里面已是普通的人家，但整体的格局还在。

《京报》是北洋政府时期在北京出版的进步报纸，创办人邵飘萍是中国杰出的新闻学家和新闻教育家。他大力提倡新闻救国，利用报刊来唤醒人民的觉悟。1926年被国民党枪杀。

4 荀慧生故居 Former Resident of Xun Huisheng

京剧大师荀慧生的晚年居所　推荐星级 ★★★★

荀慧生是中国著名京剧表演艺术家，京剧"四大名旦"之一。他演出的剧目有300多出，表演生动活泼，扮相俊俏，

攻略 HOW

地址 西城区西草场街内山西街甲13号院
交通 乘54、70、102、105、603路在较场口站下车；地铁2号线宣武门站，4号线菜市口站A口

塑造了一系列熠熠生辉的艺术形象。1957年，荀慧生举家迁至西草厂街南面的一条小胡同里，作家老舍、萧军，戏剧家吴祖光等人都是他家的常客。

5 东椿树胡同
Dongchunshu Hutong

一代奇才辜鸿铭的故居　推荐星级 ★★★

攻略 HOW

地址 位于西城区大栅栏东南部，起于煤市街，止于元兴夹道
交通 乘54、70、102、105、603路在菜市口北站下车；地铁4号线菜市口站A口

椿树胡同形成于金代，因广植椿树而得名，是北京以树名命名最早的胡同。辜鸿铭1913年回国后就在椿树胡同居住。当年他在椿树胡同东口买下了18号院，是一个独门小院。现在的东椿树胡同，只剩下半边，人们还能从这里觅到些许过去的痕迹。

3 琉璃厂 Liulichang

BUY 琉璃厂

好买

1 萃文阁 Cuiwenge

以篆刻闻名的老字号　推荐星级 ★★★★

攻略HOW

- **地址** 西城区琉璃厂东街60号
- **交通** 乘7、14、15、66、70路琉璃厂站；地铁2号线和平门站C口
- **电话** 010-63036054

萃文阁坐落在琉璃厂文化街的东口，是一家以研究和经营书法、字画、篆刻、印章材料、文房四宝为主的专营店，建于20世纪30年代。萃文阁治印一流，刀法细腻，别具一格，具有古朴浑厚的气势。另外萃文阁的八宝印泥也十分出名，色泽鲜艳，持久不退，盖在纸上不会溢油。

北京 好吃·好玩·真好买

② 一得阁 Yidege

以生产墨汁闻名遐迩的百年老店　■ 推荐星级 ★★★★★

一得阁始建于清同治四年（1865），是中国墨汁制造第一家。他们的墨汁主要由炭黑、骨胶、冰片、水和防腐剂等制成。一得阁采用传统工艺精心制造的墨汁墨迹光亮，着纸而不洇，清香四溢，完全可以与墨块相媲美。

攻略 HOW

- 地址　西城区琉璃厂东街67号
- 交通　乘7、14、15、66、70路琉璃厂站；地铁2号线和平门站C口

③ 戴月轩 Daiyuexuan

京城湖笔名店　■ 推荐星级 ★★★★

戴月轩是琉璃厂文化街唯一一家以人名为店名的老字号，创建于1916年，创始人姓戴、名斌、字月轩，湖州善琏镇人，他把湖笔制作工艺带到京城。"戴月轩"所制毛笔做工精良、毛料上乘，提而不散、铺下不软、笔锋尖锐、刚柔兼备。

攻略 HOW

- 地址　西城区琉璃厂东街73号
- 交通　乘7、14、15、66、70路琉璃厂站；地铁2号线和平门站C口

④ 华夏书画社 China Calligraphy & Painting Store

琉璃厂的标志性建筑　■ 推荐星级 ★★★★★

华夏书画社位于琉璃厂西街东口，是一栋古色古香、装修精美的古典中式建筑，将中国古代的建筑绘画技艺表现得淋漓尽致。华夏书画社以经营名家字画为主，是一个画廊一样的店铺。

攻略 HOW

- 地址　西城区琉璃厂西街2号
- 交通　乘7、14、15、66、70路琉璃厂站；地铁2号线和平门站D口
- 电话　010-63011389

5 中国书店 Chinese Bookstore

具有传统特色的书店　推荐星级 ★★★★★

琉璃厂文化街上的书店大多都是中国书店的分店。其中包括坐落于琉璃厂西街的古籍书店；经营文化艺术品、书画杂项的松筠阁书店；位于海王村大院，以经营安徽正牌文房四宝而出名的安徽四宝堂商店和以出售文史名著、古籍、字画为主的中国书店琉璃厂店等古籍书店。

攻略HOW

古籍书店
- 地址　西城区琉璃厂西街34号
- 电话　010-63032104

松筠阁书店
- 地址　西城区琉璃厂西街106号
- 电话　010-63031446

安徽四宝堂商店
- 地址　西城区琉璃厂东街115号院
- 电话　010-63013687

中国书店(琉璃厂店)
- 地址　西城区琉璃厂西街57号
- 交通　乘7、14、15、66、70路琉璃厂站；地铁2号线和平门站C、D口
- 电话　010-63150311

琉璃厂

6 荣宝斋 Rongbaozhai

琉璃厂最有名望的书画老店　推荐星级 ★★★★★

荣宝斋的前身是一家小型南纸店，始建于清朝康熙十一年（1672），是一家有着300多年历史的老店。荣宝斋的文房珍宝和书画佳品收藏颇丰，从古代珍品到近现代名家之作均有涉及，有着"民间故宫"的美誉。此外，荣宝斋精湛的装裱、装帧和古旧破损字画修复技术也十分令人称道。

攻略HOW

- 地址　西城区琉璃厂西街19号
- 交通　乘7、14、15、66、70路琉璃厂站；地铁2号线和平门站D口
- 电话　010-63035279

7 文物出版社门市部 Salesroom of heritage press

收藏爱好者必逛　推荐星级 ★★★★

文物出版社门市部的文物考古类书籍非常丰富，是收藏爱好者经常光顾的地方。

攻略HOW

- 地址　西城区琉璃厂西街40号
- 交通　乘7、14、15、66、70路琉璃厂站；地铁2号线和平门站D口
- 电话　010-63044886

珠市口 4
Zhushikou

PLAY 好玩 053

EAT 好吃 057

4 珠市口 Zhushikou

PLAY 珠市口

好玩

1 正乙祠戏楼 Zhengyici Theater

中华戏楼文化史上的活化石 ▍推荐星级 ★★★★★

正乙祠戏楼建于清康熙二十七年（1688），是北京最知名的京剧戏楼之一，也是中国最古老的纯木结构戏楼。原是明代的古庙，清康熙年间改建为戏楼。许多梨园泰斗都曾在这里登台献艺。

现如今，正乙祠戏楼仍然顽强地焕发着往日的艺术青春，每天晚上都会上演京剧、昆曲、河北梆子等传统曲艺节目。

攻略 HOW

地址 西城区前门西河沿220号
交通 乘9、44、337、808、特2路在和平门东站下车；地铁2号线和平门站C口

053

2 湖广会馆 Huguang Guild Hall

世界十大木结构剧场建筑之一 ■ 推荐星级 ★★★★★

攻略HOW

地址 西城区虎坊路3号
交通 乘9、44、337、808、特2路在和平门东站下车；地铁4号线菜市口站C口
电话 010—63518284

湖广会馆始建于清嘉庆十二年（1807），是清朝湖南、湖北两省旅京人士为联络乡谊而创建的同乡会馆，至今已有200多年历史。1912年，孙中山先生曾五次亲临北京湖广会馆，发表政治演说，并在此主持召开了中国国民党成立大会。

湖广会馆戏楼是北京现存四个会馆戏楼之一，梨园泰斗谭鑫培、梅兰芳等京剧大师都曾经在此演出过。湖广会馆现在是北京市戏曲博物馆，在古戏楼内还可欣赏到原汁原味的戏曲精品剧目。

3 京华印书局旧址 Site of Jinghua Printing House

旧时北京少有的现代建筑 ■ 推荐星级 ★★★★★

攻略HOW

地址 西城区虎坊桥北
交通 乘9、44、337、808、特2路在和平门东站下车；地铁2号线和平门站C口

京华印书局前身是由康有为、梁启超等人创办的强学会书局改组而来的官营印刷机构。建于1920年的京华印书局是一栋前卫高雅的四层建筑，建筑平面呈三角形，看起来像一艘轮船，俗称"船楼"，是由德国建筑师设计的。大楼内装有一部垂直运货电梯，是现存的唯一一部木轨电梯，至今还能够运行。

4 纪晓岚故居 Former Residence of Ji Xiaolan

曾经的阅微草堂　▎推荐星级 ★★★★★

攻略HOW

地址　西城区珠市口西大街241号
交通　乘5、23、34、48、715路在虎坊桥路口东站下车；地铁2号线和平门站，换乘7、14、15、70路在虎坊桥路口南站下车；地铁4号线菜市口站A口
门票　免费
电话　010-63036712

纪晓岚故居最早为雍正时权臣、兵部尚书、陕甘总督岳钟琪的住宅。纪晓岚在这里居住了前后共计62年。前院的藤萝和后院的海棠都是纪晓岚亲手栽种的，每到夏天，枝繁叶茂、花香四溢。1958年，晋阳饭店在此开业，经营至今。

5 基督教会珠市口堂 Zhushikou Christianity Church

朴素的基督教教堂　▎推荐星级 ★★★★★

基督教会珠市口堂始建于1904年，是1900年以后美国卫理公会开设的八座教堂的第一座。这座教堂的外观和内部装饰十分简朴，是一座具有简易哥特式风格外貌的三层建筑，每周日上午是固定做礼拜的时间。

攻略HOW

地址　东城区前门大街129号
交通　乘17、20、59、692、823路在珠市口南站下车，或乘23、57、715路在珠市口站下车；地铁2号线前门站换乘20、69、120、826路在珠市口南站下车
电话　010-63016678

珠市口

6 香厂路 Xiangchang Road

曾经是北京最繁华、最热闹的"新市区" ■推荐星级 ★★★★

攻略HOW

地址 位于西城区东南,东起留学路,西至阡儿胡同

交通 乘7、15、34、59路在友谊医院站下车;地铁2号线前门站换乘5、48路在煤市街南口站下车,或地铁4号线菜市口站换乘48、715路在板章路站下车

香厂路位于西城区东南部,东起留学路,西至阡儿胡同。光绪年间,北洋政府为落实新政,成立了京都市政公所,推行现代城市规划。香厂路一带作为试点,被开辟成"模范市区"。当时香厂路是北京最时髦的地界,这里盖起了洋楼、铺上了马路,北京最早的交通警察岗和电灯柱就设在此地。现在街道两旁还有不少民国时期西洋风格的建筑。

7 九湾胡同 Jiuwan Hutong

北京转弯最多的胡同 ■推荐星级 ★★★★

攻略HOW

交通 乘5、23、48、57、715路在板章路站下车;地铁2号线前门站换乘20、69、729、826路在珠市口南站下车

九湾胡同东口与铺陈胡同相连,再往东行百米,就是前门大街,西口与校尉营胡同的西口通出,全长近400米,弯曲之处有13处之多,路不熟很容易转向。胡同里最宽处不过三四米,最窄处只有一辆自行车车把宽。九湾胡同的老北京味儿很足,是感受北京的好去处。

4 珠市口
Zhushikou

EAT

珠市口

好吃

1 全聚德（和平门店）Quanjude Peking Roast Duck

世界最大的烤鸭店 ▍推荐星级 ★★★★★

全聚德和平门店是全聚德烤鸭的旗舰店，占地近4000平方米，是一栋7层的大楼，很有气势。和平门店离前门老店不远，可以接待2000多位宾客同时就餐，基本上可以免除客人等位的烦恼。

● 特色菜肴：
烤鸭 盐水鸭肝 火燎鸭心

攻略HOW

地址 西城区前门西大街14号
交通 乘9、44、337、646、808、特2路在和平门东站下车；地铁2号线和平门站C口
电话 010-63023062

057

2 西来顺饭庄 Xilaishun Restaurant

北京清真菜的代表 ▪ 推荐星级 ★★★★

● 特色菜肴：
马连良鸭子 沙锅鱼翅 油泼羊肉

攻略HOW

地址 西城区和平门北新华街116号
交通 乘9、44、337、646、808、特2路在和平门东站下车；地铁2号线和平门站B口
电话 010-66015996

西来顺饭庄创建于民国十九年（1930），西来顺的菜以清淡、鲜嫩、质纯而著称，烹饪细致、造型美观，融中西之长，形成自家特色。店里的招牌菜是马连良鸭子，经过腌渍、蒸、炸等几道工序后，上桌的鸭子赤黄油亮、皮酥肉软、香味透骨。

3 张一元茶馆 Zhangyiyuan Teahouse

"德云社"的重要分号 ▪ 推荐星级 ★★★★

以"让相声回归剧场，真正的相声"为目标的相声社团德云社，近年来在北京迅速发展，拥有了大量拥趸。德云社在京城走红之后，一票难求。张一元天桥茶馆外面摆上了"北京德云社风雨无阻长期在此演出"的招牌，自此南城的百姓又多了一个听相声的地方。不过，票也不是那么好买。该茶楼只在周一至周三接受当周的预订，三号、四号、五号桌是距离舞台最近的。演出时间是每周五至周日的19:00和每周六、周日的14:00。

攻略HOW

地址 西城区万明路18号
交通 乘5、23、34、48、57、715路在虎坊桥路口东站下车；地铁4号线菜市口站C口
电话 010-63163518

4 楚畹园 Chuwanyuan Restaurant

湖广会馆私家菜 ▎推荐星级 ★★★★

楚畹园位于有200多年历史的湖广会馆内，主要经营湖北私家菜，环境很好，价钱合理公道，菜品也很正宗。在享受美食的同时品味历史，给人以特别的感受。

特色菜肴：
汗炉蒸鸭 绝味鱼 三鲜豆皮

攻略HOW

地址 西城区虎坊路3号
交通 乘7、14、15、70、105、603路在虎坊桥路口南站下车；地铁2号线和平门站换乘7、14、15、70路在虎坊桥路口南站下车；地铁4号线菜市口站C口
电话 010-63553112

珠市口

5 南来顺爆肚店 Nanlaishun Baodu

京城有名的爆肚店 ▎推荐星级 ★★★★

特色菜肴：
爆肚 涮肉 麻豆腐

攻略HOW

地址 西城区珠市口西大街19号
交通 乘7、14、15、70、105、603路在虎坊桥路口南站下车；地铁2号线和平门站换乘7、14、15、70路在虎坊桥路口南站下车；地铁4号线菜市口站C口
电话 010-63022953

南来顺是靠一盘爆肚起家的百年老店，这里的爆肚爽滑脆嫩，吃起来既不费力又没有羊肉的腥膻之气，肚仁细腻、散丹弹牙，是不少老北京人的最爱。南来顺的火锅和各种老北京小吃也很受欢迎。

6 晋阳饭庄 Jinyang Restaurant

正宗山西味，京城第一家 ▍推荐星级 ★★★★★

特色菜肴：
香酥鸭 肉丝拨鱼

攻略HOW

地址 西城区珠市口西大街241号
交通 乘5、23、34、48、715路在虎坊桥路口东站下车；地铁2号线和平门站换乘7、14、15、70路在虎坊桥路口南站下车；地铁4号线菜市口站C口
电话 010-63031669

晋阳饭庄是北京最早的一家山西饭馆，擅长各种面食，猫耳朵、刀削面、肉丝拨鱼都是店里的拿手菜。晋阳饭庄的招牌菜是香酥鸭，先蒸后炸、外焦里嫩、风味独特，不逊于著名的北京烤鸭。

晋阳饭庄现址原为纪晓岚故居，是由古老的庭院式建筑改建而成，环境幽静典雅、古色古香。

7 京天红酒家 Jingtianhong Restaurant

京城最好吃的炸糕 ▍推荐星级 ★★★

京天红酒家是北京正宗的天津风味饭店，风味独特、价格公道。包子是每个来就餐的客人必点的食物，半发面的包子馅大汁多，炒菜也非常实惠。他们的炸糕非常地道，外卖窗口前永远都排着长长的队伍。

特色菜肴：
包子 炸糕

攻略HOW

地址 西城区虎坊桥7号
交通 乘7、14、15、70、105、603路在虎坊桥路口南站下车；地铁2号线和平门站换乘7、14、15、70路在虎坊桥路口南站下车；地铁4号线菜市口站C口
电话 010-63530403

5 故宫
Forbidden City

PLAY 好玩 062

EAT 好吃 066

BUY 好买 068

5 故宫 Forbidden City

PLAY

好玩

北京 好吃·好玩·真好买

1 故宫 Forbidden City

世界上最大的皇宫，24位皇帝的家　推荐星级 ★★★★★

攻略HOW

地址 天安门城楼北侧

交通 乘1、5、10、22、52、728路在天安门东站或天安门西站下车，或乘101、124、211、685、810、814路在故宫站下车；地铁1号线天安门东站A口或天安门西站B口

门票 旺季4月1日～10月31日，60元；淡季11月1日～次年3月31日，40元，学生半价；珍宝馆、钟表馆各10元

电话 010-65132255

故宫，旧称紫禁城，位于北京市中心，是明、清两代皇宫，它是世界现存最大、最完整的木质结构古建筑群，气势宏伟，极为壮观，被誉为世界五大宫之首。

故宫从明永乐四年（1406）开始修建，用了14年的时间才基本建成，到今天已有590年的历史。故宫占地72万多平方米，现存楼宇8704间，建筑面积约15万平方米。四周有高近10米的城墙，墙外一周是52米宽的护城河，城上四角各有一座结构奇异，人称有九梁十八柱、七十二条脊八角形的角楼，规模宏大，戒备森严。

故宫的建筑依据其布局与功用，以乾清门为界分为"外朝"与"内廷"两大部分。外朝也称为"前朝"，是皇帝举行朝会的地方，以太和殿、中和殿、保和殿三大殿为中心，是封建皇帝行使权力、举行盛典的地方。

内廷是封建帝王与后妃的生活居住之所，以乾清宫、交泰殿、坤宁宫后三宫为主体，两翼对称排列着东西六宫，坤宁宫的北面是供皇帝妃嫔游玩、休息的御花园。与外朝相比，内廷则富有生活气息，建筑多是自成院落，有花园、书斋、馆榭、山石等。

故宫博物院藏有大量珍贵文物，据统计总共达1052653件之多，占全国文物总数的1/6。故宫的一些宫殿中设立了珍宝馆、钟表馆和书画馆等历史艺术馆，展品很多都是国宝级的艺术珍品，是中国收藏文物最丰富的博物馆。

2 宣仁庙 Xuanren Temple

百年沧桑的皇家风神庙 ■推荐星级 ★★★★

宣仁庙，俗称风神庙，始建于清雍正六年（1728），是"故宫外八庙"之一，位于与紫禁城一河之隔的北池子北口。宣仁庙前殿供奉风伯之神，后殿供奉八风之神，旨在祈求风神保佑，使国家免受风灾的侵扰。

攻略HOW

地址 东城区北池子大街2号、4号

交通 乘101、124、211、685、810、814路在故宫站下车；地铁1号线天安门东站换乘82路在沙滩路口北站下车；地铁5号线东四站D口

3 皇史宬 Huangshicheng

明清时期的皇家档案馆 ■推荐星级 ★★★★★

位于故宫东侧的皇史宬建于明嘉靖十三年（1534），是我国现存最大的保存最完整的皇家档案库。它是明清两代皇家保藏实录、圣训、玉牒、《永乐大典》副本及《大清会典》等皇家史册、重要书籍档案的地方。出于防火的考虑，皇史宬全为砖石结构，没有一根木料，是极为少见的石头宫殿。

攻略HOW

地址 东城区南池子大街136号

交通 乘1、5、10、22、52、728路在天安门东站下车；地铁1号线天安门东站B口

电话 010-65250126

4 普度寺 Pudu Temple

皇家建筑的经典之作 ▎推荐星级 ★★★★

普度寺位于故宫的东南侧,现在是北京市税务博物馆。最早是明朝的皇家园林,清初为摄政王多尔衮的王府,所以也称旧睿亲王府。康熙三十三年(1694),改建成玛哈噶喇庙。普度寺大殿建筑宏伟,台基高大,精美绝伦。

攻略HOW

地址 东城区南池子大街普度寺前巷35号

交通 乘1、5、10、22、52、728路在天安门东站下车;地铁1号线天安门东站B口

5 陈独秀旧居 Site of Chen Duxiu

曾经是《新青年》的编辑部 ▎推荐星级 ★★★★★

陈独秀旧居位于东华门附近的箭杆胡同,1917年陈独秀由上海赴北京大学任教时就居住在这里,《新青年》编辑部也随之迁于此处,现在是一处普通的民居。

攻略HOW

地址 东城区北池子大街箭杆胡同20号

交通 乘1、5、10、22、52、728路在天安门东站下车;地铁1号线天安门东站B口

6 皇城艺术馆 Imperial City Art Museum

展示北京皇城的文化底蕴　■推荐星级　★★★★

攻略HOW

地址 东城区南池子大街菖蒲河沿9号

交通 乘1、5、10、22、52、728路在天安门东站下车；地铁1号线天安门东站B口

门票 20元，学生半价

　　皇城艺术馆位于明清皇城之内，明代皇家园林的旧址之上，其馆舍建筑为中国传统的四合院式建筑，整体造型古朴怡然。以明、清皇城历史遗迹为主线，全方位再现了昔日的建筑、寺庙、御库、水系、护卫、戏剧、养殖、制造、市井等皇城文化。

7 菖蒲河公园 Changpuhe Park

皇城脚下的城市绿洲　■推荐星级　★★★★

攻略HOW

地址 东城区南池子大街与南河沿大街之间

交通 乘1、5、10、22、52、728路在天安门东站下车；地铁1号线天安门东站B口

　　菖蒲河公园位于南池子大街与南河沿大街之间，菖蒲河是皇城水系组成部分，与天安门前的金水河连通。公园的规模不大，但十分精致。河道中是翩然游弋的锦鲤、红鱼，水边绿树成荫，闹中取静，颇有一派世外桃源的感觉。

故宫

5 故宫 Forbidden City

EAT

北京 好吃·好玩·真好买

好吃

1 四合轩西餐厅
The Courtyard Restaurant

筒子河畔，饱览皇城美景　▎推荐星级 ★★★★

四合轩地理位置极佳，坐在2楼的沙发上，尽可饱览故宫皇城的壮观景色。四合轩只提供晚餐，菜单会随着时令的特点至少每3个月变更一次，同时在选用地道食材的情况下让菜品贴近东方口味。

● 特色菜肴：
鹅肝酱　牛排　三文鱼　甜点

攻略 HOW

地址 东城区东华门大街95号
交通 乘1、5、10、22、52、728路在天安门东站下车；地铁1号线天安门东站B口
电话 010-65268883

---

2 东宴阁　Dongyange

紫禁城边上的平民国宴　▎推荐星级 ★★★★

东宴阁位于故宫东门，餐厅的外墙上画着一个巨大的脸谱，很是醒目。东宴阁主要经营官府菜、粤菜和湘菜，烤鸭也颇具特色。据说这里的大厨是钓鱼台国宴大师的徒弟，每一道菜都有讲究，给人惊喜。

● 特色菜肴：
烤鸭　狮子头　乌鱼蛋汤

攻略 HOW

地址 东城区东华门大街76号
交通 乘1、5、10、22、52、728路在天安门东站下车；地铁1号线天安门东站B口
电话 010-65238775

066

3 起士林 Kiessling

老字号的西餐厅 ■推荐星级 ★★★★★

●特色菜肴：
罐焖牛肉　奶油烤杂拌

起士林西餐厅起源于天津，创店于1901年，由德国人创办，至今已有百余年的历史。来吃饭的老年人不少，很多上了年纪的人都喜欢到这里追忆青春。店里也有种老牌西餐厅的派头。

起士林接待过不少大人物，周总理就对这里的红菜汤情有独钟。

攻略HOW

地址 东城区南河沿大街华龙食品街中段206号
交通 乘1、5、10、22、52、728路在天安门东站下车；地铁1号线天安门东站B口
电话 010-65597735

故宫

4 诗意栖居咖啡馆 Poetic Dwelling Cafe

行者栖居地 ■推荐星级 ★★★★

诗意栖居咖啡馆位于东华门外，是北京最袖珍的咖啡馆，楼下紧凑到只能摆下三张桌子。咖啡馆虽小，但很温馨，老板娘会用正宗的illy咖啡招呼你，就像招呼相识已久的老朋友那般亲切。上到2楼，看到落日余晖中的角楼，着实令人惊艳。逛故宫逛累了，来这里歇歇脚是不错的选择。

攻略HOW

地址 东城区南池子大街15号
交通 乘1、5、10、22、52、728路在天安门东站下车；地铁1号线天安门东站B口
电话 010-65256505

067

北京 好吃·好玩·真好买

5 故宫 Forbidden City

BUY 好买

1 别古斋 Bieguzhai
京剧脸谱的世界 ▍推荐星级 ★★★

故宫西边那条北长街上有一个小小的门脸，橱窗里和外墙上都挂着巨大的脸谱画像。店里的墙上也挂满了各种各样的京剧脸谱，每个脸谱都被赋予了特殊的含义，即使不买东西，在小店里转转也会有收获。

攻略HOW

- **地址** 西城区北长街45号
- **交通** 乘5、101、109、685、814路在北海站下车；地铁1号线天安门西站下车，转乘5路在北海站下车
- **电话** 13121581718

2 青瓷故事馆 Celadon Story Store
专营青瓷的特色小店 ▍推荐星级 ★★★

青瓷故事馆里摆放的都是自己设计烧制的瓷器，所有产品全部烧制于浙江龙泉的子芦窑。店里除一些艺术品外，还有很多融观赏与实用为一体的作品，把青瓷独有的细腻温润带进人们的生活中。

攻略HOW

- **地址** 东城区东华门大街49号
- **交通** 乘1、5、10、22、52、728路在天安门东站下车；地铁1号线天安门东站B口
- **电话** 010—65126408

6 景山、北海
Jingshan & Beihai

PLAY 好玩 070

EAT 好吃 074

北京 好吃·好玩·真好买

6 景山、北海
Jingshan & Beihai

PLAY

好玩

1 团城 The Circular Wall

精巧别致的"空中花园" ▎推荐星级 ★★★★★

攻略HOW

地址 西城区文津街1号
交通 乘5、101、109、685、814路在北海站下车；地铁1号线天安门西站下车，换乘5路在北海站下车
门票 1元

团城原是太液池中的一个小岛，经过重修和扩建，成为了一个别致的小园林。团城又叫瀛洲，是一座砖砌的团形城垛式建筑，城高4.6米，周长276米，是世界上最小的城堡。团城中央是承光殿，建筑形式与故宫角楼颇似，供奉着用整块玉雕琢的白色玉佛像一尊，佛像面容慈祥，洁白无瑕，光泽清润。城台上更有姿态优美的古树"白袍将军"、"遮荫侯"，以及相传是元世祖忽必烈为犒劳将士而特制的酒瓮"渎山大玉海"。

2 万寿兴隆寺 Wanshou Xinglong Temple

"故宫外八庙"之一的佛教寺庙 ▎推荐星级 ★★★★

万寿兴隆寺始建于明代，最初为明代兵仗局的佛堂，是供奉兵器的地方，后来被康熙改为佛寺，并亲自题写了寺名。现在，万寿兴隆寺已经沦为一个居民大杂院，所幸还保存着当年寺庙山门的旧貌，彰显着过去的显赫地位。

景山、北海

攻略HOW
地址 西城区北长街39号
交通 乘5、101、109、685、814路在北海站下车；或地铁1号线天安门西站，转乘5路在北海站下车
电话 010-64044071
门票 5元，学生半价

3 国家图书馆古籍馆
National Library of Ancient Books

曾经的老国图 ▎推荐星级 ★★★★★

攻略HOW
地址 西城区文津街7号
交通 乘5、101、109、685、814路在北海站下车；地铁1号线天安门西站下车，换乘5路在北海站下车
电话 010-66126165
门票 5元，学生半价

国家图书馆古籍馆在1987年以前是中国国家图书馆，前身是建于清代的京师图书馆。馆舍于1931年落成，是当时国内规模最大、最先进的图书馆。古籍馆院内还存有来自圆明园的华表、石狮和乾隆御笔石碑等古物，传统文化气息非常浓郁。

4 景山公园 Jingshan Park

观赏紫禁城的最佳角度 ▍推荐星级 ★★★★★

地处北京城中轴线上的景山公园原为元、明、清三代的皇家御苑。景山山顶建造了五座造型优美、风格各异的亭子，其中万春亭位于山正中最高峰，是旧时京城的制高点。站在亭中俯瞰，金碧辉煌的紫禁城尽收眼底，夕阳西下之时最为迷人。

攻略HOW
- **地址** 西城区景山西街44号
- **交通** 乘101、124、211、685、810、814路在故宫站下车；地铁1号线天安门西站下车，转乘5路在西板桥站下车
- **电话** 010-64044071
- **门票** 5元。学生半价

5 北海公园 Beihai Park

古老的皇家园林 ▍推荐星级 ★★★★★

北海公园位于北京市的中心地带，是我国现存最悠久、保存最完整的皇家园林之一，已有上千年历史。北海园林的开发始于辽代，经过五个朝代的不断建设，形成了如今的面貌。

北海规划理念遵循的是中国传统的"一池三山"的神话传说，琼岛象征"蓬莱"，团城象征"瀛洲"，中南海里的犀山台象征"方丈"，北海的水面是"太液池"。整体布局上体现了自然山水和人文园林的艺术融合。燕京八景之一的"琼岛春荫"指的就是春天的浮云下北海的美景。

攻略HOW
- **地址** 西城区文津街1号
- **交通** 乘5、101、109、685、814路在北海站下车；地铁1号线天安门西站下车，换乘5路在北海站下车
- **电话** 010-64031102
- **门票** 4月1日～10月31日，10元；11月1日～次年3月31日，5元；永安寺（含善因殿、法轮殿、白塔等）10元

6 京师大学堂遗址 Site of Jingshidaxuetang

北京大学的前身 ■推荐星级 ★★★★

攻略HOW

地址 东城区沙滩后街57号
交通 乘101、109、111、810、814路在沙滩路口西站下车；地铁5号线东四站下车，换乘101、109、810、846路在沙滩路口西站下车

京师大学堂建于1898年，是"戊戌变法"的见证者，新文化运动的中心，在中国近代史上有着不可替代的文化意义。

京师大学堂所在地原是乾隆皇帝的女儿和嘉公主的府邸。府内的"公主大殿"，成为大学集会演讲的礼堂；大殿之后公主的闺阁，被辟为藏书楼。现在这里是一处普通的民居。

7 北大红楼 The Beijing University Red Building

近现代文化和民主运动的发源地 ■推荐星级 ★★★★★

北京大学红楼始建于1916年，在1916年至1952年为北京大学主要校舍所在地之一。因为建筑通体用红砖砌筑，红瓦铺顶而得此名。红楼是中国近现代史上传播马克思主义和民主科学思想的重要场所，是五四运动的发源地。现在红楼被开辟成北京新文化运动纪念馆。

攻略HOW

地址 东城区五四大街29号
交通 乘101、109、111、810、814路在沙滩路口西站下车；地铁5号线东四站下车，换乘101、109、810、846路在沙滩路口西站下车

景山、北海

6 景山、北海 Jingshan & Beihai

北京 好吃・好玩・真好买

EAT 好吃

1 仿膳 Fangshan Restaurant

经营宫廷风味菜肴的老字号 ■推荐星级 ★★★★

● 特色菜肴：
圆梦烧饼 豌豆黄 凤尾大虾

攻略HOW

地址 西城区景山西街北海公园东门内

交通 乘5、101、109、685、814路在北海站下车；地铁1号线天安门西站下车，换乘5路在西板桥站下车

电话 010-64042573

　　仿膳就位于北海公园里一处古色古香的院子里，服务员也都身着宫廷服饰，营造出一种深宫大院的气氛。饭庄是由御膳房的师傅创办的，至今已有80多年的历史。从满汉全席到宫廷小吃，这里的菜品都保持着"御膳"特色，其中很多都是从御膳档案中整理出来的。

2 大三元酒家 Dasanyuan Restaurant

"京城粤菜第一家" ■推荐星级 ★★★★

大三元酒家坐落于故宫、北海、景山三大皇家园林的环绕中，闹中取静、环境幽雅。大三元所有的原料坚持从广州由专人采购，粤味醇正，一直是人们心目中吃粤菜的好地方，享有"京城粤菜第一家"的美称。

● 特色菜肴：
烤乳猪　黄焖鱼翅　榴莲酥

攻略HOW

地址 西城区景山西街南口50号
交通 乘101、124、211、685、810、814路在故宫站下车；地铁1号线天安门西站下车，转乘5路在西板桥站下车
电话 010-64013920

---

3 日昌餐馆 Richang Restaurant

北京最火暴的茶餐厅之一 ■推荐星级 ★★★

日昌位于著名的荷花市场对面，是一家地道的广式茶餐厅，门口经常排满了等位的客人，提前订位是很有必要的。新鲜喷香的煲仔饭和清凉可口的水果捞是点击率很高的组合，蒜香四溢的避风塘系列也很受欢迎。

● 特色菜肴：
腊味煲仔饭　纸包鸡翅　避风塘系列

攻略HOW

地址 西城区地安门西大街14号
交通 乘13、42、107、118、701、823路在北海北门站下车；地铁2号线鼓楼站下车，转乘82、107、124路在地安门外站下车；地铁4号线平安里站下车，转乘107、701路在北海北门站下车
电话 010-64058205

---

4 满福楼 Manfulou

小火锅吃出特色 ■推荐星级 ★★★★★

满福楼把分餐制的概念融进了火锅里，大涮锅变成小铜锅，既精致又有特色。虽然锅变小了，但菜品依旧保持着地道的老北京风味，羊肉是手切的，很薄而且很新鲜，没有腥膻味。这里菜都可以点半份，一顿可以吃得非常丰富。

● 特色菜肴：
鲜羊肉　墨鱼丸　芝麻烧饼

攻略HOW

地址 西城区地安门西大街38号
交通 乘5、111、124、810路在地安门内站下车；地铁2号线鼓楼站下车，转乘82、107、124路在地安门外站下车；地铁5号线张自忠路站下车，转乘13、42、701、118、823路在地安门东站下车
电话 010-64030992

景山、北海

王府井 7
Wangfujing

PLAY 好玩 077

EAT 好吃 080

BUY 好买 083

7 王府井 Wangfujing

PLAY

王府井

好玩

1 王府井步行街 Wangfujing Walking Street

北京最著名的"金街" ▌推荐星级 ★★★★★

攻略HOW

交通 乘1、52、728、802路在东单路口西站下车；乘37、120、125、203路在王府井下车；地铁1号线王府井站

王府井大街由南向北全长810米，在大街两侧分布着765家大大小小的商店，是北京最有名的商业区。王府井最早的商业活动始于明代，具有数百年的历史，在北京享有"金街"的美誉。

2 北京饭店 Beijing Hotel

北京最有名的饭店　▎推荐星级　★★★★★

攻略HOW

地址 东城区东长安街33号
交通 乘1、52、728、802路在东单路口西站下车，或乘37、120、125、203路在王府井站下车；地铁1号线王府井站
电话 010-65263388

北京饭店位于东长安街与王府井商业街交会处，是始建于20世纪初的著名的五星级饭店，具有百年历史。同时它也是国家外事接待的重要场所，具有相当高的政治地位。北京饭店共分四幢，建筑风格各异，建于不同的历史时期，其中A座是新中国成立初期北京十大建筑之一，是北京的重要地标。

3 王府井古井 Wangfujing Well

古井的遗存　▎推荐星级　★★★★

攻略HOW

交通 乘1、52、728、802路在东单路口西站下车，或乘37、120、125、203路在王府井站下；地铁1号线王府井站A口

因为紫禁城兴建后，许多达官贵人在皇城东侧一带修建王府，加之这里有一口优质的甜水井，便有了"王府井"这个地名。王府井步行街最北端有一处古井的遗迹，铜铸的井盖上就刻有关于这条街的典故。

4 王府井教堂 Wangfujing Cathedral

北京四大天主教教堂之一　■推荐星级 ★★★★★

攻略HOW

- **地址** 东城区王府井大街74号
- **交通** 乘103、104、803、814路在东安市场站下车；地铁1号线王府井站A口
- **电话** 010-65240634

北京王府井教堂，俗称"东堂"，是北京四大天主教教堂之一。王府井教堂始建于清朝初年，是一座典型的罗马式教堂，建筑古朴大气，优雅而庄重，是王府井大街上一处重要的景观。这里也是年轻人婚纱摄影的热门取景地。教堂前的广场上有很多滑板高手，他们杂耍一样的动作，常引得路人驻足观看。

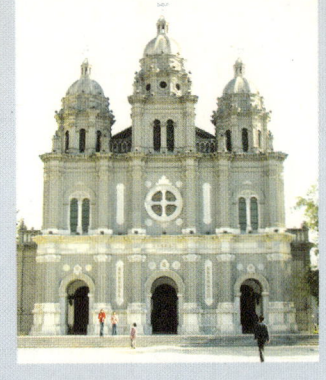

王府井

5 老舍故居 Former Residence of Lao She

老舍先生的"丹柿小院"　■推荐星级 ★★★★★

老舍从美国归国后在灯市口西街丰富胡同里买下一处院子，并在这里度过了他的晚年，在此期间他创作了24部戏剧剧本和两部长篇小说。包括《龙须沟》，《茶馆》，《正红旗下》等。每到秋天，园中两棵老舍先生亲自栽下的柿树都会挂满果实。现在，故居已被辟为老舍博物馆。

攻略HOW

- **地址** 东城区灯市口西街丰富胡同19号
- **交通** 乘103、104、108、111、803路灯市西口站下车；地铁5号线灯市口站A口
- **电话** 010-65142612

6 北京人艺 Beijing people's Art Theatre

中国顶尖的话剧舞台　■推荐星级 ★★★★

北京人艺始建于1952年，是中国最著名的话剧院。其鲜明"人艺演剧风格"已扎根于广大观众之中。剧院现有以演出话剧为主的三个剧场：首都剧场、人艺小剧场、人艺实验剧场，十分受喜爱话剧的人的追捧。

攻略HOW

- **地址** 东城区王府井大街22号
- **交通** 乘103、104、108、111路在灯市西口站下车，或乘1、4、52、728、802路在东单路口西站下车；地铁5号线灯市口站A口／东四站D口
- **电话** 010-65246789

079

北京 好吃·好玩·真好买

7 王府井 Wangfujing

EAT

好吃

1 东来顺饭庄 Donglaishun Restaurant

"金街"上的老牌涮羊肉　▌推荐星级 ★★★★

● 特色菜肴：
涮羊肉

攻略 HOW

王府井店
地址　东城区王府井大街198号
电话　010-65139661

新东安市场店
地址　东城区王府井大街138号
新东安市场5楼
交通　乘1、52、728、802路在东单路口西站下车，或乘37、120、125、203路在王府井站下车；地铁1号线王府井站A口
电话　010-65280932

　　老字号东来顺在王府井大街上开了两家分店，分别在金街的两端。尽管如此，到了饭点儿还是要排队，可见这块金字招牌的号召力。

080

2 全聚德（王府井店）Quanjude Peking Roast Duck

豪华气派的全聚德分店　▎推荐星级 ★★★★★

特色菜肴：
烤鸭　盐水鸭肝　干烧四鲜

攻略HOW

地址 东城区王府井帅府园胡同9号
交通 乘1、52、728、802路在东单路口西站下车，或乘37、120、125、203路在王府井站下车；地铁1号线王府井站A口
电话 010-65253310

全聚德王府井店，从菜品到装潢都透着一股子贵气，营造出独特的"王府文化"氛围。"逛金街、吃烤鸭"是很经典的组合。

---

3 王府井小吃街 Wangfujing Snack Street

各地小吃齐聚一堂　▎推荐星级 ★★

特色菜肴：
涮羊肉

攻略HOW

地址 东城区王府井好友世界商场南侧
交通 乘1、52、728、802路在东单路口西站下车；地铁1号线王府井站A口

小吃街网罗了全国各地和北京本土的小吃，吸引了大量的外地游客，图的就是一个新鲜热闹，本地人很少光顾。

王府井

081

4 东华门小吃一条街 Donghuamen Snack Street

北京最著名的小吃夜市 推荐星级 ★★

攻略HOW

地址 东城区东安门大街
交通 乘1、52、728、802路在东单路口西站下车，或乘37、120、125、203路在王府井站下车；地铁1号线王府井站A口

东华门小吃一条街，东起东安门大街东口，西至晨光街北口，是北京最著名的小吃街。这里会聚了各地有名小吃：新疆烧烤、绍兴臭豆腐、四川麻辣烫、陕西肉夹馍，等等。不敢保证地道，但热热闹闹的气氛是有的。

5 香港美食城 Hongkong Restaurant

京城"三刀一釜"之一 推荐星级 ★★★★★

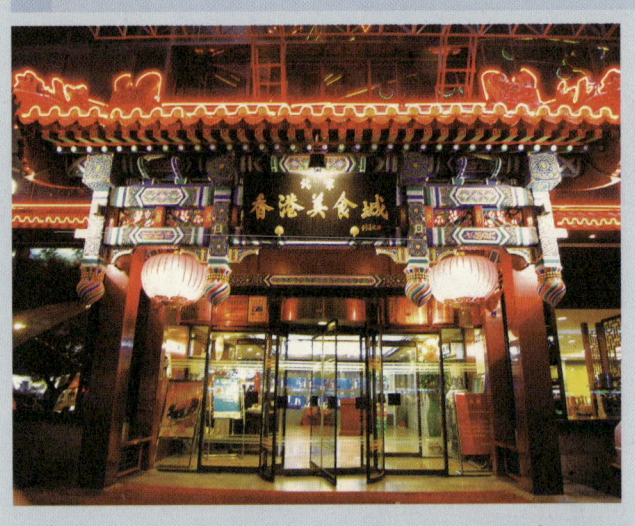

特色菜肴：
深井烧鹅 虾饺 海鲜

攻略HOW

地址 东城区东安门大街18号
交通 乘1、52、728、802路在东单路口西站下车，或乘37、120、125、203路在王府井站下车；地铁1号线王府井站A口、5号线灯市口站A口
电话 010-65257349

"三刀一釜"是20世纪八九十年代北京有名的餐饮场所，"三刀"特指香港美食城、明珠海鲜和肥牛海鲜，"一釜"指山釜餐厅，都是高档昂贵的地方。现在的香港美食城变得平易近人很多，但菜品还是有口皆碑的，从生猛海鲜、鲍参翅肚到粤式点心，都还保持着精致清淡的港味儿。

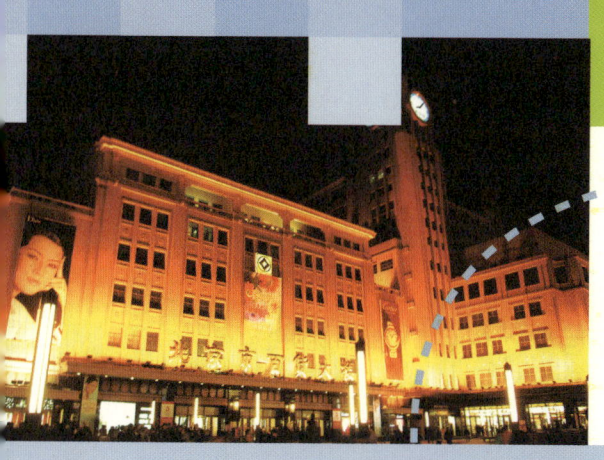

7 王府井 Wangfujing

BUY 王府井

好买

1 东方新天地 Oriental Plaza

亚洲最大的商业建筑群之一　推荐星级 ★★★★★

攻略HOW

■**地址** 东城区东长安街1号
■**交通** 乘1、52、728、802路在东单路口西站下车，或乘37、120、125、203路在王府井站下车；地铁1号线王府井站A口／东单站A口、地铁5号线东单站A口
■**电话** 010-85186363

东方新天地是李嘉诚旗下一座时尚的大型购物大厦，各种国内外顶尖名牌都驻扎在此。这里还有美食街和电影院，是一条集购物、休闲、餐饮、娱乐于一身的购物长廊，"逛"街的绝好去处。

2 王府井书店 Wangfujing Bookstore

北京最著名的书店之一　推荐星级 ★★★★★

王府井书店是北京最早的一家新华书店，始建于1949年。书店规模很大，图书品种非常齐全，为商贾云集的王府井大街增添了一些文化气息。

攻略HOW

- **地址** 东城区王府井大街218号
- **交通** 乘1、52、728、802路在东单路口西站下车，或乘37、120、125、203路在王府井站下车；地铁1号线王府井A口
- **电话** 010-65132842

3 工美大厦 Gongmei Emporium

工艺美术品的集中地　推荐星级 ★★★★

攻略HOW

- **地址** 东城区王府井大街200号
- **交通** 乘1、52、728、802路在东单路口西站下车；地铁1号线王府井站A口
- **电话** 010-65232931

王府井工美大厦是一座具有近50年历史的工艺美术商品专营店，地处王府井步行街最南端，大厦以经营工艺美术品为主，囊括百余大类、上万个花色品种，从珠宝玉器到传统手工艺品，无所不包。顶层是各种折扣店，很多名牌服饰、鞋、包的断码产品在此低折扣销售。

4 四联美发 Silian Hair Salon

远道而来的老字号美发店　推荐星级 ★★★★

攻略HOW

- **地址** 东城区王府井大街188号
- **交通** 乘1、52、728、802路在东单路口西站下车；地铁1号线王府井站A口
- **电话** 010-65252541

是北京的老字号高档美发店。为支援北京建设，原是由上海的四家理发名店，组成"四联理发馆"，于1956年迁来北京，把先进的理发设备和高超的理发技艺带进京城。他们传统的烫发手艺到今天还为人称道，不过如今时尚感稍微弱了一些。

5 吴裕泰茶庄 Wuyutai Teashop

百年老茶庄 ▋推荐星级 ★★★★

攻略HOW

- 地址 东城区王府井大街186号
- 交通 乘1、52、728、802路在东单路口西站下车；地铁1号线王府井站A口
- 电话 010-65254961

吴裕泰茶庄创建于清光绪十三年（1887），是久负盛名的百年老字号。他们的茶叶品质上乘，"自拼自窨"的茉莉花茶更是深受老北京人的喜爱。店里自制的茶叶冰激凌清凉可口，风味独特。

6 中国照相馆 China Photo Studio

著名的老字号照相馆 ▋推荐星级 ★★★★

攻略HOW

- 地址 东城区王府井大街180号
- 交通 乘1、52、728、802路在东单路口西站下车；地铁1号线王府井站A口
- 电话 010-65120623

中国照相馆也是北京的老字号，很多领导人的标准相都是出自这里的摄影师之手。中国照相馆的师傅手艺都很精湛，而且耐心细致，这也是他们开业几十年留下来的传统。

王府井

北京 好吃·好玩·真好买

7 外文书店
Foreign Language Book Store
国内最大的外文书店 ┃推荐星级 ★★★★★

攻略HOW
- 地址 东城区王府井大街235号
- 交通 乘1、52、728、802路在东单路口西站下车；地铁1号线王府井站A口
- 电话 010-65126903

外文书店的图书资源非常丰富，经营品种达到几万种之多，涵盖了英、日、德、法、俄、西等21种语言。在这里可以找到别处很难买到的外文原版书。

8 新中国儿童用品商店
Xinzhongguo Children's Store
专为小朋友们服务 ┃推荐星级 ★★★★

攻略HOW
- 地址 东城区王府井大街168号
- 交通 乘1、52、728、802路在东单路口西站下车；地铁1号线王府井站A口
- 电话 010-65281774

新中国儿童用品商店是新中国成立后兴建的第一家国有儿童用品商店。始建于1956年，位于王府井商业街的中心。是目前国内规模较大的儿童用品专营商店。

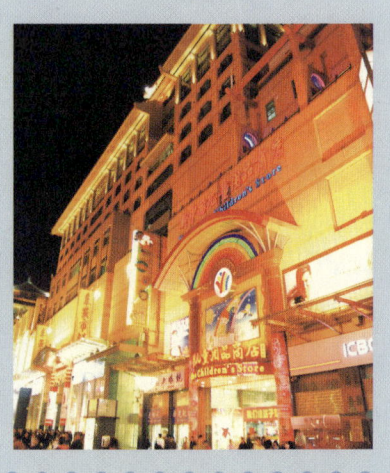

9 北京市百货大楼
Beijing Department Store
新中国的"第一店" ┃推荐星级 ★★★★★

攻略HOW
- 地址 东城区王府井大街255号
- 交通 乘1、52、728、802路在东单路口西站下车；地铁1号线王府井站A口
- 电话 010-65126677

兴建于1954年的北京市百货大楼，一直都被誉为新中国的"第一店"，是一栋极具时代特色的经典建筑。现如今，随着诸多国内外的知名时尚大牌的进驻，年过半百的北京市百货大楼焕发了新的生机。

王府井

10 东安市场和新东安市场 Dong'an Department Store

王府井大街历史上最热闹的购物场所　▎推荐星级 ★★★★★

攻略HOW

地址 东城区王府井大街138号
交通 乘103、104、420、803、814路在新东安市场站下车；地铁1号线王府井站A口
电话 010-652822117

东安市场成立于清朝光绪二十九年（1903），最早是一条繁华的街市，而这条街市正是王府井日后成为商业街的起点。新东安市场是在东安市场旧址上改建而成，是北京最著名的时尚休闲购物热点之一。

11 天元利生体育商厦
Tianyuan Lisheng Sport Store

最专业的体育装备商城　▎推荐星级 ★★★★

天元利生体育商厦始创于1921年，是一家经营多种体育运动系列产品的专业店，品种齐全，规模居全国之首。无论是老回力还是最新款的Nike，在这里都能找到。

攻略HOW

地址 东城区王府井大街201号
交通 乘103、104、108、111路在灯市西口站下车，或乘1、52、728、802路在东单路口西站下车；地铁1号线王府井站A口、5号线灯市口站A口
电话 010-65250870

087

12 乐天银泰百货
Intime Lotte

服务一流的韩国时尚百货　■推荐星级 ★★★★★

攻略HOW

- **地址** 东城区王府井大街88号
- **交通** 乘103、104、108、111路在灯市西口站下车，或乘1、52、728、802路在东单路口西站下车；地铁1号线王府井站A口、5号线灯市口站A口
- **电话** 010-59785114

乐天银泰百货是王府井大街上最年轻的百货店，它不光把许多年轻时尚的日韩品牌引进中国，同时也将一流的服务理念带了过来，为顾客营造了一个舒适、惬意的购物空间。顾客在这里能收获高附加值的购物体验，尽情享受购物的乐趣。

13 涵芬楼书店和灿然书屋
Hanfenlou Bookstore & Canran Bookstore

两家高品位的人文书店　■推荐星级 ★★★★

攻略HOW

- **地址** 东城区王府井大街36号
- **交通** 乘103、104、108、111路在灯市西口站下车，或乘1、52、728、802路在东单路口西站下车；地铁5号线灯市口站A口

涵芬楼书店是商务印书馆的读者服务部，灿然书屋是中华书局的门市部，两个书店规模都不大，但书的品质都非常高，主营人文社科类图书。涵芬楼还经常举办讲座和交流活动，很受读者欢迎。

8 隆福寺
Longfusi

PLAY 好玩 090

EAT 好吃 093

BUY 好买 096

8 隆福寺 Longfusi

PLAY

好玩

北京·好吃·好玩·真好买

1 中国美术馆 National Art Museum of China

中国最高级别的美术馆　推荐星级 ★★★★★

攻略 HOW

地址 东城区五四大街1号
交通 乘103、111、814路在美术馆站下车；地铁5号线东四站A口
电话 010-64006326

中国美术馆是一座国家级博物馆，于1963年正式对外开放，是新中国成立十周年时的十大建筑之一，具有浓郁的民族风情，风格别致。中国美术馆收藏各类美术作品10万余件，件件都是近现代美术精品。这里常年举办各种颇具影响力的展览，是北京重要的艺术殿堂。

2 隆福寺步行街 Longfusi Walking Street

曾经是北京最聚人气的商圈之一 ■推荐星级 ★★★

攻略HOW

地址 东城区隆福寺街
交通 乘103、111、814路在美术馆站下车；地铁5号线东四站A口

以前这里是和王府井一样热闹的商业街，但因为一场大火元气大伤。如今这里是京味儿小吃会聚的地方，街上有不少老字号，绝对是纯正的老北京味儿。另外街上还有不少小店，可以逛逛。

3 中法大学旧址 Site of Sino-French Institute

近代著名的大学 ■推荐星级 ★★★★

攻略HOW

地址 东城区东黄城根北街甲20号
交通 乘60、115路在东皇城根站下车；地铁5号线东四站A口／张自忠路站D口

中法大学成立于1920年，它是在民国初年蔡元培发起组织的留法俭学会与法文预备学校和孔德学校的基础上组建的，是一组美观大方的中西合璧的现代建筑群。

4 钱粮胡同 Qianliang Hutong

国学大师章太炎的寓所 ■推荐星级 ★★★★

攻略HOW

地址 东城区钱粮胡同
交通 乘100、116、684路在钱粮胡同站下车；地铁5号线东四站A口

钱粮胡同自明朝就存在了，因设有铸钱的机构而得名，胡同里都是深宅大院。钱粮胡同19号也是一处颇为气派的大宅门。当年章太炎因为反对袁世凯，被袁世凯软禁在此达三年之久。大院被完整地保留下来，这段历史也被人们永远铭记。如今的钱粮胡同内建有咖啡馆，十分安静。

隆福寺

5 吴佩孚故居 Former Residence of Wu Peifu

吴佩孚在这里走完复杂的一生 ■推荐星级 ★★★★

攻略HOW

地址 东城区什锦花园胡同23号
交通 乘100、116、684路在钱粮胡同站下车；地铁5号线东四站A口

什锦花园胡同23号现在是一处普通的居民院，时间倒流几十年，这里便是一代风云人物吴佩孚的宅院。吴佩孚作为北洋直系军阀首领，在军阀混战中令生灵涂炭，亲手制造了震惊中外的"二七惨案"。然而，吴佩孚在五四运动中公开表示支持爱国学生，"七七事变"后北平沦陷，吴佩孚宁死不当汉奸被日本人杀害，又得到了后人的尊重。

6 半亩园 Banmuyuan

清初戏剧家李渔设计的宅院 ■推荐星级 ★★★★★

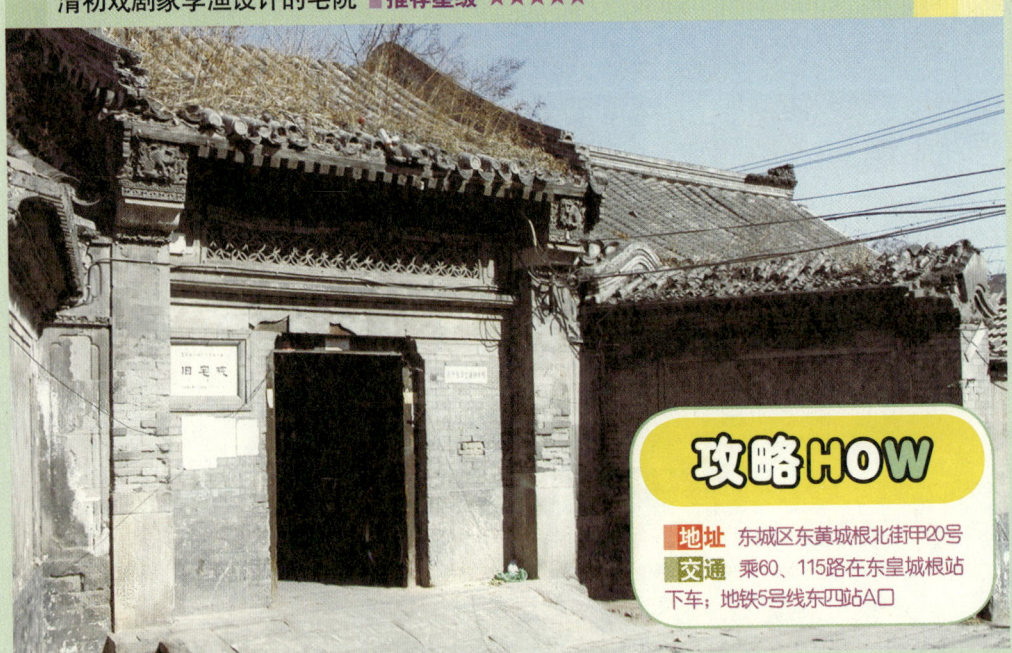

攻略HOW

地址 东城区东黄城根北街甲20号
交通 乘60、115路在东皇城根站下车；地铁5号线东四站A口

有"东方莎士比亚"之称的清代文人李渔称得上是一个大杂家，在文学、美术、建筑、园艺、美食、服饰等领域都颇有建树。黄米胡同内的半亩园就是他的造园作品。李渔垒石成山，引水作沼，园内布局曲折迂回，山石嶙峋，朴素大方而又妙趣横生。现在这里已经变成一处大杂院，但通过建筑的细部也能感受到当时半亩园的神韵。

8 隆福寺 Longfusi

EAT

好吃

隆福寺

1 大槐树烤肉 Dahuaishu Restaurant

北京最好吃的烤肉　推荐星级 ★★★★★

在北京爱吃烤肉的人都知道大槐树烤肉，虽然馆子不大，但味道简直没得说，尤其是将五花肉放上烤炉慢慢烤焦，入口后怎一个香字了得。独具特色的鸡蛋裹馒头能让来的大多数食客找到小时候的感觉。整个馆子独具京味，非常适合朋友聚餐。

● 特色菜肴：
牛肉　五花肉　鸡蛋炸馒头片　鱿鱼

攻略 HOW

地址 东城区美术馆东街23号
交通 乘103、111、814路在美术馆站下车；地铁5号线东四站A口
电话 010-64008891

093

2 悦宾饭馆 Yuebin Restaurant

改革开放后第一家个体餐厅 ■推荐星级 ★★★★

悦宾饭馆就藏在一条普通的胡同里，规模也不大。老板是地道老北京夫妇，经营的也是朴实的家常菜。从菜品到氛围，无一不散发着浓浓的北京风情。因为生意太好，老两口在不远处还开了一家叫悦仙美食的分店。

特色菜肴：
蒜泥肘子 五丝桶 锅塌豆腐

攻略HOW
- **地址** 东城区翠花胡同43号
- **交通** 乘103、104、108、111路在灯市西口站下车；地铁5号线东四站D口
- **电话** 010-85117853

---

3 刘宅食府 Liuzhai Restaurant

北京民俗四合院餐厅 ■推荐星级 ★★★★

刘宅食府开在一个翻新过的老宅院里，感觉就像回家一样。店里的菜也以北京家常菜为主，很适合外地的朋友来尝鲜。这里生意非常好，提前订个位子非常有必要。

特色菜肴：
茄子肉卷 麻豆腐 烤鸭

攻略HOW
- **地址** 东城区美术馆东街蒋家大院胡同8号
- **交通** 乘103、111、814路在美术馆站下车；地铁5号线东四站A口
- **电话** 010-64005912

---

4 白魁老号 Baikui Laohao

美味烧羊肉不容错过 ■推荐星级 ★★★★★

特色菜肴：
烧羊肉 杂碎汤

攻略HOW
- **地址** 东城区隆福广场前街1号
- **交通** 乘103、111、814路在美术馆站下车；地铁5号线东四站A口
- **电话** 010-84012373

白魁老号是京城最著名的清真饭庄之一。它以制作风味独特的烧羊肉而闻名遐迩。烧羊肉选用的羊肉肥瘦相宜，不老不嫩。配上数十种调料，经过吊汤、紧压、码放、煮煨、油炸数道工序制成，不膻不腥、味道醇正、香浓鲜美。

5 隆福寺小吃店 Longfusi Snack Shop

北京第一家国营小吃店　▍推荐星级 ★★★★

● 特色菜肴：
奶油炸糕　豌豆黄　面茶

攻略HOW

地址 东城区隆福广场前街1号
交通 乘103、111、814路在美术馆站下车；地铁5号线东四站A口
电话 010-64060668

隆福寺小吃店开在白魁老号楼下，是一家清真风味的名小吃店，是由过去隆福寺庙会上经营小吃的摊群汇集而成，继承了北京小吃的特色，选料精细，制作工艺传统，保证正宗地道。

---

6 丰年灌肠 Fengnian Guanchang

北京最地道的灌肠　▍推荐星级 ★★★★★

● 特色菜肴：
灌肠

攻略HOW

地址 东城区隆福广场前街1号
交通 乘103、111、814路在美术馆站下车；地铁5号线东四站A口

隆福寺这家丰年灌肠开业已有50多年之久。他们的灌肠是纯白薯淀粉制成，蒸熟后切成中间厚两边薄的形状，用油煎焦，煎好的灌肠一边是酥的一边是糯的，再蘸上特别调配的蒜汁，别有一番风味。是不可不尝的北京小吃。

隆福寺

北京 好吃・好玩・真好买

8 隆福寺 Longfusi

BUY

好买

1 三联韬奋图书中心 Sanlian Taofen Bookstore

书香浓郁的著名人文书店　推荐星级 ★★★★★

三联书店是一家有着80多年历史的老书店，店里氛围很好，非常安静，随处可见席地而坐专心阅读的爱书之人。这里也没有一般大书店那种浓厚的商业味。浓浓的人文气息和人性化的服务，使这里成为众多爱书人聚集的地方。

攻略HOW

地址 东城区美术馆东街22号
交通 乘104、108、803路在美术馆北站下车，或乘103、111、814路在美术馆站下车；地铁5号线东四站A口
电话 010-64001122

9 东单
Dongdan

PLAY 好玩 098

EAT 好吃 102

BUY 好买 104

北京 好吃·好玩·真好买

9 东单 Dongdan

PLAY 好玩

1 蔡元培故居 Former Residence of Cai Yuanpei

北大老校长的居所 ▎推荐星级 ★★★★★

说到北京大学校长,甚至在中国谈起大学校长,人们首先想到的可能就是蔡元培。1917~1920年,时任北京大学校长的蔡元培入住东堂子胡同75号,此后长期居住于此。蔡元培的故居是一个坐北朝南的三进四合院,有28间房屋,以前是个大杂院,现在修缮一新,并恢复了位于院落西北角的卧室和书房。故居内还设有新文化运动陈列室,展出不少珍贵文物。

攻略HOW

地址 东城区东堂子胡同75号
交通 乘111、684、814路在米市大街站下车;地铁1号线或5号线灯市口站C口
电话 010-65275840
门票 预约免费参观

2 宁郡王府 Prince Ning Jun's Palace

保存完好的清代早期王府建筑　▍推荐星级 ★★★★

攻略HOW

地址 东城区北极阁三条71号
交通 乘106、108、111、116、684路在东单路口北站下车；地铁1号线或5号线东单站A口

宁郡王是清康熙皇帝十三子怡亲王允祥的第四子。清代北京的王府保存至今的已经为数不多了，而宁郡王府这个在清代并不算显赫的王府却保存了下来，尤为珍贵的是它的建筑保持了乾隆朝以前的建筑构架和风格，是北京难得的王府建筑。

东单

3 西总布胡同 Xizongbu Hutong

默视历史沧桑巨变　▍推荐星级 ★★★★

攻略HOW

地址 东起朝阳门南小街，西至东单北大街，南邻新开路胡同，北靠外交部街胡同
交通 乘106、108、111、116、684路在东单路口北站下车；地铁1号线或5号线东单站A口

西总布胡同是一条有数百年历史的北京老胡同，明朝因总捕衙署设在这条胡同而得名总捕胡同。1900年6月20日，德国公使克林德在西总布胡同西口，不服清军巡逻盘查并开枪挑衅，被清军巡逻兵领队恩海击毙，成为八国联军入侵北京的导火索。被国人视为国耻的"克林德碑"当初就建在这里。

4 干面胡同 Ganmian Hutong

观赏大宅院的好去处　■推荐星级 ★★★★

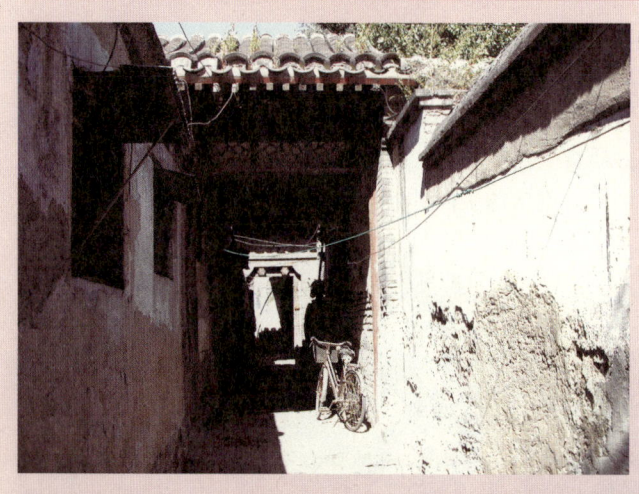

攻略HOW

地址 东起朝阳门南小街，西至东四南大街

交通 乘106、108、110、684路在灯市东口站下车；地铁5号线灯市口站C口

东城区的禄米仓胡同是明清贮存官粮的地方。运粮的大车在西边的胡同穿来穿去，面粉时有遗撒，风一刮到处都是，于是西边那条胡同就被人们叫做"干面胡同"。干面胡同里大宅子很多，保存得都不错，值得一看。

5 总理衙门 Zongli Yamen

清政府机构开始半殖民地化的标志　■推荐星级 ★★★★

攻略HOW

地址 东城区东堂子胡同49号

交通 乘111、684、814路在米市大街站下车；地铁5号线灯市口站C口

总理衙门是总理各国事务衙门的简称，清政府为了适应外国侵略者的需要特设的主管外交、通商以及其他洋务事宜的中央机构，于1861年由咸丰帝批准成立。总理衙门存在了40年，直到1901年，改为外务部。现主体建筑已拆除，只留下最西端的一个小跨院。

6 东方先锋剧场
Dongfangxianfeng Theater

京城数一数二的小剧场 ▎推荐星级 ★★★★

东方先锋剧场隶属于中国国家话剧院，位于东方广场东侧，可容纳观众310名，是目前北京地区设施最完备、最先进的小剧场，时尚气息浓郁，先锋性极强。在此上演的小剧场话剧品质都非常高，常常一票难求。

攻略HOW

地址 东城区东单三条8-2号（近东方广场）

交通 乘1、4、52、728、802路在东单路口西站下车；地铁1号线、5号线东单站A口

电话 010-51664611

东单

7 外交部街 Waijiaobu Street

名宅古迹集中的地方 ▎推荐星级 ★★★★

攻略HOW

地址 东起朝阳门南小街，西至东单北大街，南临西总布胡同，北与协和胡同相通

交通 乘106、108、111、116、684路在东单路口北站下车；地铁1号线或5号线东单站A口

外交部街的历史最早可以追溯到元朝，历史悠久，有着丰富的历史文物遗存，也是目前北京市内保存相对完整的胡同之一。分布于外交部街的重要建筑有北洋政府外交部旧址（33号）、多尔衮后裔的睿亲王府（31号）、协和医院别墅（59号）等。

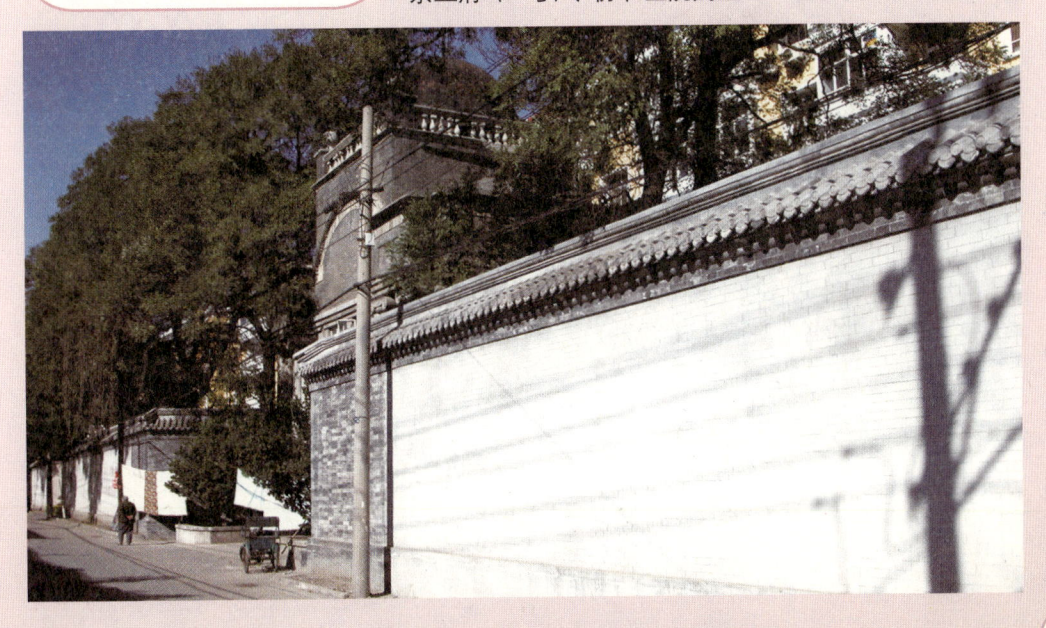

北京 好吃·好玩·真好买

9 东单 Dongdan

EAT 好吃

1 日昌餐厅（东单店）Richang Restaurant

胡同里的火暴茶餐厅　推荐星级 ★★★

● 特色菜肴：
煲仔饭　水果捞　避风塘系列

攻略 HOW

地址 东城区东单北大街72号（外交部街口）

交通 乘111、684、814路在米市大街站下车；地铁1号线、5号线东单站A口，或地铁5号线灯市口站C口

电话 010-65251783

在北京尽人皆知的日昌港式茶餐厅最早就是在这个小胡同里发迹的，现在已经遍布京城。饭馆的条件相当一般，环境也很嘈杂，但总是人满为患，经常要排队等位。煲仔饭、避风塘系列几乎是每桌必点。去之前一定要预订。

2 大董烤鸭店(金宝汇店)
Dadong Roast Duck

北京烤鸭新贵　■推荐星级 ★★★★★

特色菜肴： 烤鸭

攻略HOW

- **地址** 东城区金宝街88号金宝汇购物中心5楼
- **交通** 乘111、684、814路在米市大街站下车；地铁5号线灯市口站C口
- **电话** 010-85221111

在北京众多的烤鸭店中，北京大董烤鸭店以其低脂健康的特色闻名京城，这里的烤鸭是完全把肥油烤掉了的，几乎没有肥肉在里面。瘦肉部分非常嫩，皮则每片都是酥酥的。有创意的是这里的烤鸭"有八个调料、八种吃法"，可谓匠心独运。

3 秀兰小馆 Xiulan Restaurant

好吃不贵的广西馆子　■推荐星级 ★★★★

秀兰小馆位于王府饭店对面，价格很实惠，菜的量也不小。店里主营广西风味，各式各样的米粉可少不了，不管是卤汁的还是汤粉，都各有特色。店里还兼营湘菜和云贵菜，各种干锅和水煮系列也都不错。

攻略HOW

- **地址** 东城区金鱼胡同3号
- **交通** 乘111、684、814路在米市大街站下车；地铁5号线灯市口站A口
- **电话** 010-65285606

4 和风细雨 Sasameyuki

大快朵颐的日本料理　■推荐星级 ★★★★

虽然是自助，但和风细雨的菜品一点也不含糊。厚厚的三文鱼，口感细腻又新鲜，烤鳕鱼非常嫩，色香味美。店里可零点，自助也有不同档次的价位，选择很丰富。

攻略HOW

- **地址** 东城区金宝街89号金宝大厦1楼
- **交通** 乘111、684、814路在米市大街站下车；地铁5号线灯市口站C口
- **电话** 010-85221819

东单

北京·好吃·好玩·真好买

9 东单 Dongdan

BUY

好买

I 金宝汇购物中心 Jinbao Place

顶级奢华的时尚盛宴　推荐星级 ★★★★★

攻略HOW

地址 东城区金宝街88号
交通 乘106、108、110、684路在灯市东口站下车；地铁5号线灯市口站C口
电话 010-85221971

　　金宝汇购物中心走的是时尚、高端路线。除了人们耳熟能详的Gucci、Bottega Veneta、Burberry、Omega等国际一线著名品牌纷纷在此开设旗舰店外，一些源自欧洲具有优秀传统背景的顶级奢华品牌也选择金宝汇作为他们在中国甚至是在亚洲的首发站。这里高档餐馆、国际影院等配套设施一应俱全。

10 东四
Dongsi

PLAY 好玩 106

EAT 好吃 110

10 东四 Dongsi

PLAY

好玩

1 段祺瑞执政府 Duan Qirui Perform Government

《纪念刘和珍君》中"三一八惨案"发生地　推荐星级 ★★★★★

段祺瑞执政府最早是清初恭亲王常颖的府第。清末，两府内的建筑全被拆除，重新建造了三组砖木结构的楼群。主楼为欧洲古典风格的灰砖楼，外檐的连拱柱廊、楼体布满精细砖雕花饰，门窗、天花板、地板、护壁板全用优质木材精雕细琢。整幢建筑规模宏大。段祺瑞执政期间，前来请愿的进步学生被执政府镇压牺牲，造成震惊中外的"三一八惨案"。鲁迅一篇声讨段祺瑞执政府的《纪念刘和珍君》将革命烈士的名字深深印在人们心中。

攻略HOW

地址 东城区张自忠路3号
交通 乘13、42、113、701、823路在张自忠路站下车；地铁5号线张自忠路站A口

2 和敬公主府 Mansion of Princess Hejing

北京现存规格最高的公主府 ▎推荐星级 ★★★★★

固伦和敬公主是乾隆非常宠爱的女儿，她16岁下嫁时，乾隆爷把这处宅院赐给了她。公主府从整体规模到每个殿堂的规模都是王府建制，是一座由五重房屋建筑组成的四进院落，贵气十足、古典大气。民国后成了北洋军阀政府陆军军部所在地，现为和敬府宾馆。

攻略 HOW
地址 东城区张自忠路7号
交通 乘13、42、113、701、823路在张自忠路站下车；地铁5号线张自忠路站A口

东四

3 孙中山行宫 Dwelling Palace of Dr.Sun Zhongshan

革命导师在此走完最后一程 ▎推荐星级 ★★★★★

攻略 HOW
地址 北京市张自忠路23号
交通 乘13、42、113、701、823路在张自忠路站下车；地铁5号线张自忠路站A口

这里原是明朝末年的叫天春园，是明朝末代崇祯皇帝的妃子田妃的娘家，民国时期成为外交总长顾维钧的宅第，是一个精致的三进院落，四周有回廊环绕，花园环境优美。1924年年底孙中山抱病来北京讨论国是，临时住在花园前的正房里，1925年3月12日，孙中山在院内西屋卧室内病逝，三天后移灵香山碧云寺。

4 顺天府学 Shuntianfuxue

明清时期的著名学校 ▎推荐星级 ★★★★★

攻略 HOW
地址 东城区交道口南大街府学胡同65号
交通 乘13、106、116、684路在东四十二条站下车；地铁5号线张自忠路站A口

始建于元末，原为报恩寺。明洪武初为大兴县学。永乐元年（1403）改称顺天府学。西为学宫，东为文丞相祠。府学有600多年的文化遗存，如今已经成为一所知名的小学，琅琅书声一直延续到现在。

5 史家胡同 Shijia Hutong

名家大院聚居地 ■ 推荐星级 ★★★★★

攻略HOW

交通 乘106、108、110、684路在灯市口东站下车；地铁5号线灯市口站A口

北京素有东富西贵之说，史家胡同就是其中典型，这里既有权倾朝野的显贵私宅，又有富甲一方的豪门大院。清末中法银行董事长刘福成、名妓赛金花都有宅第在此胡同内。胡同内51号院为著名的学者章士钊先生故居。好园位于53号，是一座古色古香的二进四合院，建于清朝后期，很多名人都在这里工作、生活过。其"好园"二字为邓颖超所题，寓意"女子园"。现在是好园宾馆。

6 礼士胡同 Lishi Hutong

刘罗锅的老宅 ■ 推荐星级 ★★★★★

攻略HOW

地址 东城区东南部，东起朝阳门南小街，西至东四南大街

交通 乘106、116、684路在东四路口南站下车；地铁5号线东四站C口

礼士胡同在北京很有名，胡同里都是气派的大宅院，相传刘墉就住在胡同西口的一座宅子里。礼士胡同129号大院是胡同里最气派的院子，门前一块巨大的影壁上雕刻着极华丽的砖雕花，精美程度在北京也是独一无二的。电视剧《大宅门》就是在这里取的景。

7 愚公移山 Yugongyishan

北京最有名的Live现场 ■ 推荐星级 ★★★★

攻略HOW

地址 东城区张自忠路3号（段祺瑞执政府旧址大门西侧）

交通 乘13、42、113、701、823路在张自忠路站下车；地铁5号线张自忠路站A口

电话 010-64042711

愚公移山在摇滚青年中间极具号召力，他们的现场是全北京数一数二的，许多国内外有分量的乐队都在这里演出过。愚公移山的酒水也不错，调酒师擅长调制各种各样、稀奇古怪的鸡尾酒，您的所有要求都可以得到满足。

8 东四清真寺 Dongsi Mosque

北京最大、最古老和最气派的清真寺之一 ■推荐星级 ★★★★

攻略 HOW

- **地址** 东城区东四南大街113号
- **交通** 乘106、116、684路在东四路口南站下车；地铁5号线东四站

东四清真寺始建于元代，是本市清真寺"四大名寺"之一，在中外享有很高声誉。今大门以内有砖砌的西式厢房，二门五间，前后带廊。该寺的大殿及配殿为明代建筑，更为珍贵的是在南配殿保存着元代《古兰经》的手抄本，堪称国宝。

9 梁启超故居 Former Residence of Liang Qichao

见证梁启超的戊戌变法之路 ■推荐星级 ★★★★★

攻略 HOW

- **地址** 东城区北沟沿胡同23号
- **交通** 乘24、406、674路在海运仓站下车；地铁5号线北新桥站C口

梁启超故居位于北沟沿胡同的南段。街门是被称做"西洋门"的屋宇式街门，街门内外各有一座"一字影壁"，显示出主人非同一般的身份。原先院内树木繁盛，有假山、凉亭，是一个精致惬意的三进院子。故居现在是单位宿舍，当年院内的主要建筑尚存。

10 文天祥祠 Wen Tianxiang Shrine

具有纪念意义的古迹 ■推荐星级 ★★★★★

攻略 HOW

- **地址** 东城区府学胡同63号
- **交通** 乘104、108、113、312、758路在北兵马司站下车；地铁5号线张自忠路站A口
- **电话** 010-64014968
- **门票** 5元，学生2元

文天祥祠就设立在当年文天祥遭囚禁和就义的地方，明清两代为祭祀这位南宋抗元英雄，将囚禁他的土牢旧址扩大改建成祠堂，文天祥虽然遇难已经700多年，但至今仍有人去凭吊他。祠堂现在仍保持着明代的建筑风格。

北京 好吃・好玩・真好买

10 东四 Dongsi

EAT

好吃

1 五哥烤翅 Wuge BBQ

北京最牛的烤翅店　推荐星级 ★★★★★

●特色菜肴：
烤翅

攻略HOW

地址　东城区南板桥胡同5号
交通　乘106、684路在魏家胡同站下车；地铁5号线张自忠路站D口
电话　010-64001626

　　五哥的小店藏在胡同里，没有招牌，门口一副对联，上联是："爱吃不吃还想吃"，下联是："爱来不来常想来"，横批是："五哥烤翅"。显出老板"浑不凛"的特质。这里的鸡翅还是很不错的，秘制调料腌渍的鸡翅烤出来又焦又嫩，香气扑鼻。来吃烤翅必须预订。

② 北新桥卤煮老店 Beixinqiao Luzhu Restaurant

正宗老北京卤煮 ■ 推荐星级 ★★★★★

● 特色菜肴：
卤煮火烧

攻略HOW

地址 东城区东四北大街141号
交通 乘13、106、116、684路在东四十二条站下车；地铁5号线张自忠路站B口

东四

　　北新桥卤煮店的卤煮做了很多年，味道自不必说，他们老汤吊得很有水平，调料也够丰富，分量也很足，吃起来别提多过瘾了。卤煮店每天开到凌晨，晚上玩累了在此吃顿夜宵是个不错的选择。

③ 那一年主题餐厅 THE YEAR

80后的怀旧小馆 ■ 推荐星级 ★★★

● 特色菜肴：
三鲜烧卖 蟹肉烧卖

攻略HOW

地址 东城区张自忠路2号2楼
交通 乘13、42、113、701、823路在张自忠路站下车；地铁5号线张自忠路站A口
电话 15011220624

　　那一年的老板是一对80后小夫妻，他们把店布置成教室的样子，饭桌就是课桌，还可以拿着涂改液在上头画画玩。小店主营创意火锅，薄荷锅是最受欢迎的，在炎热的夏天吃上一口清凉的火锅，也是一种享受。

111

4 细管胡同44号私家厨房 Xiguan Hutong No.44

浪漫的贵州菜馆 ■ 推荐星级 ★★★★

小店开在胡同里，地方不大但布置得很温馨，民族气息很浓。店里主打贵州风味，因为是私房菜，所以除了地道的贵州土菜外，还有很多菜品都是店家自创的，用上了各种混搭元素，创意十足。

●特色菜肴：
四十四号墨脱石锅鸡 酸汤鱼

攻略HOW

地址 东城区细管胡同44号
交通 乘13、106、116、684路在东四十二条站下车；地铁5号线北新桥站D口／张自忠站A口
电话 010—64001280

5 府上咖啡馆
Hidden Dream Tango Cafe

与历史亲密接触 ■ 推荐星级 ★★★★

府上咖啡馆坐落在段祺瑞执政府这个古旧的大院里，环境幽静，坐在大槐树的树荫下喝杯咖啡、发发呆，沉静在深宅大院的凝重气氛中，恍惚之间仿佛走进了历史的旋涡。

攻略HOW

地址 东城区张自忠路3号（段祺瑞执政府院内）
交通 乘13、42、113、701、823路在张自忠路站下车；地铁5号线张自忠路站A口
电话 010—64030688

11 雍和宫
Lama Temple

PLAY 好玩 114

EAT 好吃 118

BUY 好买 121

11 雍和宫 Lama Temple

PLAY 好玩

北京 好吃・好玩・真好买

1 雍和宫 Lama Temple

北京香火最盛的寺庙 ▍推荐星级 ★★★★★

雍和宫是北京最大的一座藏传佛教寺院。雍和宫原本是雍正皇帝登基前的府第，后被乾隆改建为藏传佛教寺庙，香火延续至今已有260余年。庙内建筑布局严谨，气势宏伟，金碧辉煌。各殿堂供有众多的佛像、唐卡及大量珍贵文物。雍和宫除了农历每月的初一、初十、十五、三十上午例行法会外，每年还有重大的法事活动，香客如云。

攻略HOW

地址 东城区雍和宫大街12号
交通 乘13、44、116、117、807路在雍和宫站下车；地铁2号线、5号线雍和宫站B口
电话 010-64044499
门票 25元

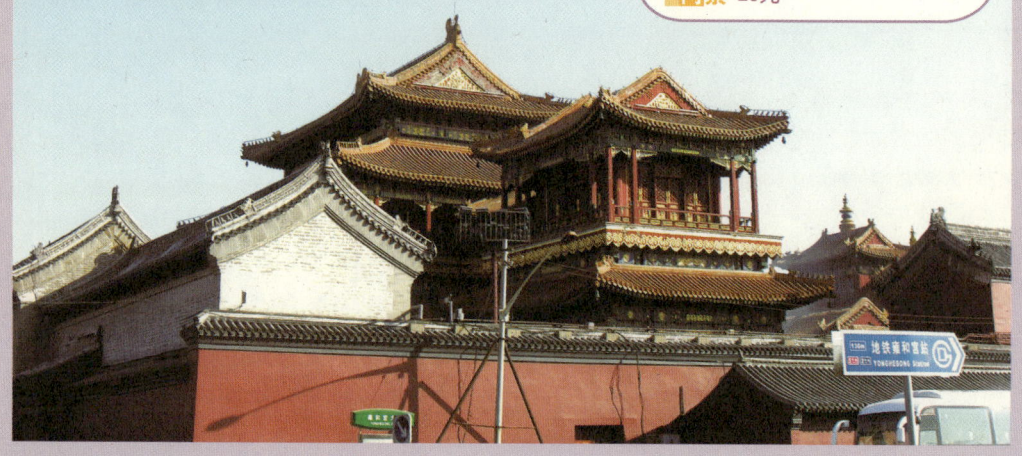

2 地坛公园 Ditan Park

我国现存的最大的祭地之坛　推荐星级 ★★★★

攻略HOW
- **地址** 东城区安定门外大街2号
- **交通** 乘13、44、116、117、807路在雍和宫站下车；地铁2号线雍和宫站A口、5号线和平里北街站D口
- **电话** 010-64214657

地坛与雍和宫隔河相望，建于明代嘉靖九年（1530），是明清两朝帝王祭祀"皇地祇神"的场所。从整体到局部都遵照我国古代"天圆地方"、"天青地黄"等传统观念。地坛现存有方泽坛、皇祇室、宰牲亭、斋宫、神库等古建筑。每年的地坛庙会和地坛书市都给这里聚满了人气。

3 国子监 Imperial Academy

天子讲学的学堂　推荐星级 ★★★★★

攻略HOW
- **地址** 东城区安定门内国子监街15号
- **交通** 乘13、44、116、117、807路在雍和宫站下车；地铁5号线雍和宫站D口、2号线安定门站B口
- **电话** 010-84011977
- **门票** （国子监、孔庙联票）20元，学生半价

国子监是元、明、清三代管理教育的最高行政机构和国家设立的最高学府，始建于元代大德十年（1306），按照"左庙右学"的传统规制，与孔庙毗邻。国子监的中心建筑是北京"六大宫殿"之一的辟雍，建于清乾隆四十九年（1784），也是我国现存唯一的古代"学堂"。皇帝一经即位，必须在此讲学一次。

4 方家胡同 Fangjia Hutong

老胡同里的创意空间　推荐星级 ★★★★

攻略HOW
- **地址** 东城区北部，雍和宫大街西侧，呈东西走向，东起雍和宫大街，西止安定门内大街
- **交通** 乘104、108、124、758路在方家胡同站下车；地铁2号线安定门站B口、5号线北新桥站A口

方家胡同自元朝就有，胡同的46号院是原来中国机床厂，如今这一片古老的区域被改造成文化创意产业社区，聚集了各种个性化十足的小餐厅、酒吧、创意小店甚至小剧场等，充满了文艺的气质。是古老北京与先锋文化的交会处。

雍和宫

5 孔庙 Confucius Temple

元、明、清三朝祭祀孔子的地方 ▍推荐星级 ★★★★★

攻略 HOW

地址 东城区安定门内国子监街13号
交通 乘13、44、116、117、807路在雍和宫站下车；地铁5号线雍和宫站D口、2号线安定门站B口
电话 010—84011977
门票 （国子监、孔庙联票）20元，学生半价

孔庙是元、明、清三代帝王祭孔的场所。北京孔庙始建元大德六年（1302），历代多次重修，但整体仍基本保持元代的格局。门内院落共有三进，中轴线上的建筑从南向北依次为大成门、大成殿、崇圣门及崇圣祠。大成门外有198通进士碑，气势自殊，于谦、袁崇焕、林则徐和沈钧儒的进士碑都可以在碑林里找到。

6 成贤街 Chengxian Street

北京市唯一一条牌楼街 ▍推荐星级 ★★★★★

攻略 HOW

地址 东城区安定门内国子监街
交通 乘13、44、116、117、807路在雍和宫站下车；地铁5号线雍和宫站D口、2号线安定门站B口

成贤街又称国子监胡同，有着700多年历史，还保存着较好的旧京街巷的风貌。街上共有四座金碧辉煌的过街牌楼，分别位于成贤街东西两端和国子监左右。每到夏天，街道两边的老槐树绿荫如盖，走在街上无比惬意。

7 官书院胡同 Guanshuyuan Hutong

大气而不失生动的民居 ▍推荐星级 ★★★★★

攻略 HOW

交通 乘13、44、116、117、807路在雍和宫站下车；地铁5号线雍和宫站D口、2号线安定门站B口

官书院胡同位于孔庙的东侧，以前这里聚居着不少北上做生意的南方人。街上的宅院虽然等级不高，但都很精致，从抱鼓石、瓦当到门楼的装饰都十分精致，当年屋主人的品位和生活情趣可见一斑。

8 糖果俱乐部 Tango Club

北京最大的夜店　■推荐星级 ★★★★★

攻略HOW

地址 东城区和平里西街79号雍和宫桥以北

交通 乘13、44、116、117、807路在雍和宫站下车；地铁2号线雍和宫站A口

电话 010-64282288

糖果算得上是北京最大最时尚的夜店了，迪厅、酒吧、KTV等一应俱全。打碟DJ的水平毋庸置疑，音响效果相当震撼。这里经常举办大型主题派对，一定可以玩到爽。

雍和宫

9 热力猫俱乐部 Hot Cat Club

北京年轻玩主的根据地　■推荐星级 ★★★★

攻略HOW

地址 东城区方家胡同46号艺术园内

交通 乘104、108、124、758路在方家胡同站下车；地铁2号线安定门站B口、5号线北新桥站A口

电话 010-64007868

热力猫俱乐部是方家胡同著名的音乐地点。墙上的巨星版画，灯光下令人心跳加速的乐手，沙发上静立的木吉他和非洲鼓都在提醒您，这是一个音乐的国度。您可以选择沉醉在乐队真诚的演出中，或是老板兼调酒师兼歌者调制的饮品中，甚至是在偶尔出现的女王和小萝莉的微笑中。

10 猜火车文化沙龙 Caihuoche Cultune Salon

精神与物质的双重享受　■推荐星级 ★★★

攻略HOW

地址 东城区方家胡同46号C1楼

交通 乘104、108、124、758路在方家胡同站下车；地铁2号线安定门站B口、5号线北新桥站A口

电话 010-64060658

猜火车是北京早期的开放式文化沙龙之一，除了特色的餐饮外，他们还一直坚持做独立影像活动，一般放映过后还会有热烈的研讨会。这样的活动至今已经举办了上百场，几乎每周都有，而且是完全免费的。

11 雍和宫 Lama Temple

北京 好吃·好玩·真好买

EAT 好吃

1 早春二月 Zaochun'er yue Restaurant

平易近人的新派川菜　推荐星级 ★★★★

●特色菜肴：
两江鱼　烤兔腿

攻略HOW

地址 东城区安定门内大街车辇店胡同内

交通 乘13、684路在国子监站下车；地铁2号线安定门站A口

电话 010-64069521

早春二月的环境很别致，有种古色古香的味道。虽然经营的是川菜，但大部分菜并不辣得吓人，微微的麻辣味让人很容易接受。两江鱼非常嫩，口感比平常吃的水煮鱼还要爽滑。烤兔腿也很棒，外焦里嫩，香嫩多汁。

2 葡萄院儿 Vineyard Cafe

葡萄藤下吃比萨　▍推荐星级 ★★★★

葡萄院儿是一个英国小伙儿的饭馆，开在一个小四合院里，院子里种满了葡萄，"葡萄院儿"这个名字由此而来。比萨是这里的招牌菜，是老板自创的地中海风味，饼皮很薄，芝士浓郁。在这里还能吃到地道的英式branch（早午餐）和纯正的英式家庭菜肴。

● 特色菜肴：
烤土豆皮　地中海比萨

攻略HOW

地址 东城区五道营胡同31号
交通 乘13、44、116、117、807路在雍和宫站下车；地铁5号线雍和宫站D口、2号线安定门站B口
电话 010-64027961

3 28号院私房菜 Yard No.28 Restaurant

宾至如归的广西私房菜馆　▍推荐星级 ★★★★

28号院私房菜是桂林风味，很多原料甚至炊具都是从广西运过来的，让人在北京也能吃到正宗的桂林名菜脆皮鱼和干锅啤酒鸭。店里布置得非常温馨，吃饭之余还能跟美女老板娘聊聊天，感觉就像在家里一样随便。

● 特色菜肴：
28号院炒饭　脆皮鱼　腐竹回锅肉

攻略HOW

地址 东城区雍和宫南墙戏楼胡同1号
交通 乘13、684路在国子监站下车；地铁5号线雍和宫站C口
电话 010-84016788

4 方家壹贰 Coffee muisc Travel

别看我们像酒吧，其实我们是餐厅！　▍推荐星级 ★★★★

● 特色菜肴：
发财有方　蛋黄虾仁　麻花排骨

攻略HOW

地址 东城区雍和宫大街方家胡同12号
交通 乘104、108、124、758路在方家胡同站下车；地铁2号线安定门站B口、5号线北新桥站A口
电话 010-64074480

方家壹贰是几个怀揣音乐梦想的年轻人合开的私房菜馆，他们把音乐元素用在屋子里的每一个角落，每天晚上这里都有乐队表演，有时候老板也会亲自上阵助兴。这里走的是创意中餐路线，每道菜都有说法，有的甚至是热爱旅行的老板在旅途中偷学回来的。

雍和宫

北京 好吃・好玩・真好买

⑤ 簋街 Guijie

北京夜食者的天堂 ▎推荐星级 ★★★★

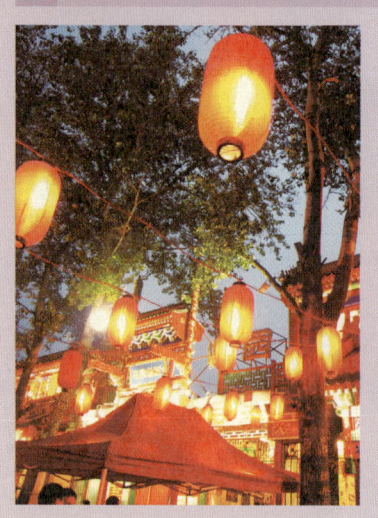

"簋"，字典里的意思是中国古代一种圆口两耳的食物容器。20世纪90年代，簋街因为突然冒出大量通宵营业的麻辣火锅店而声名鹊起。如今的簋街已经成为北京饮食文化的代表和时尚餐饮的标志。簋街东起二环路东直门立交桥，西到交道口东大街，在这条长约1500米的街上，汇集了川、鲁、粤等八大风味百余家餐馆，每天夜里至凌晨是这里的最高潮。

攻略HOW

地址 东城区东直门内大街，东起二环路东直门立交桥西段，西至交道口东大街东段

交通 乘24、106、107、635路在东直门站下车；地铁2号线东直门站D口、5号线北新桥站D口

11 雍和宫 Lama Temple

BUY 好买

雍和宫

1. 盛唐轩 Shengtangxuan
历史悠久的老玩具店 ┃ 推荐星级 ★★★★

盛唐轩是一家专门出售老北京"玩意儿"的小店，由绒布唐的传人所创立。"绒布唐"至今约有160年的历史，唐家世居北京东城，现在已经传到了第五代。小屋的架子上摆满了聚宝盆、走马灯、金马驹儿、兔儿爷、刀马人、毛猴等老玩具，个个都招人喜欢。

攻略HOW
- **地址** 东城区国子监街38号
- **交通** 乘13、684路在国子监站下车；地铁2号线安定门站B口、5号线北新桥站A口
- **电话** 010-84047179

2. 纸曰 Paper Talk
创意十足的纸品店 ┃ 推荐星级 ★★★★

这里一切都与纸相关，所有物件都是纸做的，各种本子、剪纸、手工花布本、纸扇、火花、手绘纸巾、书签、饰品，创意十足，无一不精致得让人爱不释手。

攻略HOW
- **地址** 东城区方家胡同12号
- **交通** 乘104、108、124、758路在方家胡同站下车；地铁2号线安定门站B口、5号线北新桥站A口
- **电话** 010-84038935

什刹海 12
Shichahai

PLAY 好玩 123

EAT 好吃 127

BUY 好买 129

12 什刹海 Shichahai

PLAY 什刹海

好玩

1 什刹海 Shichahai

世人的京城水乡　推荐星级 ★★★★★

攻略HOW

地址 京城中轴线的西北部，东起地安门外大街北侧，南自地安门西大街向西至龙头井，西北接柳荫街、羊房胡同、新街口东街到新街口北大街；西自新街口北大街向北到新街口豁口；北自新街口豁口向东到德胜门，由德胜门沿鼓楼西大街到钟鼓楼

交通 乘5、107、124、635路在鼓楼站下车，或乘13、42、111、701、810路在北海北门站下车；地铁2号线鼓楼大街站B口

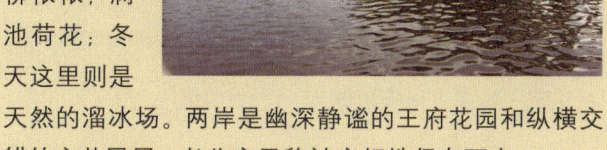

什刹海由西海、后海、前海组成，是北京最浪漫的地方。夏日垂柳依依，满池荷花；冬天这里则是天然的溜冰场。两岸是幽深静谧的王府花园和纵横交错的市井民居，老北京风貌被完好地保存下来。

后海的银锭桥是观赏夕阳的最佳地点，天气晴朗时可以望到西山，"银锭观山"是燕京小八景之一。游什刹海既可以随意走走停停，也可租辆自行车在湖畔骑行，还能租船荡舟于湖上，更可以坐上三轮车穿梭于胡同中听听老师傅讲关于这里的传说典故。总之，不管用什么方式，什刹海都能让人收到不一样的感受和惊喜。

2 广化寺 Guanghua Temple

北京著名的大型佛教寺院　推荐星级 ★★★★★

攻略HOW

地址 西城区鸦儿胡同31号
交通 乘5、107、124、635路在鼓楼站下车，或乘13、42、111、701、810路在北海北门站下车；地铁2号线鼓楼大街站B口
电话 010-64035035

广化寺是北京著名的佛教十方丛林。全寺占地面积13公顷有余，共分中院、东院和西院三大院落。院落之间回廊环绕，僧房毗连，形成"院中有院"的建筑特色。整座寺庙建筑雕梁画栋、金碧辉煌、庄严肃穆。清末民初时，广化寺一度成为"京师图书馆"，现在是北京佛教协会所在地。

3 鸦儿胡同 Ya'er Hutong

浪漫而安静的小巷　推荐星级 ★★★★

攻略HOW

交通 乘5、107、124、635路在鼓楼站下车；地铁2号线鼓楼大街站B口

鸦儿胡同与后海北沿平行，一直延伸到后海西沿的甘露胡同，胡同全长820米，是北京城中比较长的胡同之一。胡同闹中取静，和酒吧街的热闹形成反差，是后海的另一种表情。鸦儿胡同6号院内的那座欧式小楼，曾是东北著名作家萧军的旧居。

4 宋庆龄故居 Former Residence of Song Qingling

宋庆龄在这里安度晚年　推荐星级 ★★★★★

攻略HOW

地址 西城区后海北沿46号
交通 乘5、44、55、409、919路在德胜门站下车；地铁2号线积水潭站C口
电话 010-66444205
门票 20元，学生半价

宋庆龄故居原是末代皇帝溥仪的父亲醇亲王载沣的府第花园，园内花木成荫，碧水环绕，是一处雍容典雅、幽静别致的庭园。每到4月份海棠花开的季节，这里都会举办海棠节，赏花游客络绎不绝。故居旁边的醇亲王府是个宏大的宅院，最早是大学士纳兰明珠的府第，现在是国家宗教事务管理局所在地。

5 恭王府 Prince Gong's Palace

一座恭王府，半部清代史 ■ 推荐星级 ★★★★★

攻略HOW

地址 西城区什刹海前海西街17号
交通 乘5、107、124、635路在鼓楼站下车；地铁2号线鼓楼大街站B口、4号线平安里站B口
电话 010-66168149
门票 30元，套票70元（套票含导游讲解和戏楼观看表演、品尝小吃）

恭王府是北京规模最大、保存最完整的清代王府。恭王府早期为乾隆年间大学士和珅宅第，和珅获罪后宅第被没收赐予庆郡王，咸丰元年（1851）成为恭亲王奕䜣的王府。恭王府是一组由中轴线贯穿的多进四合院落，极尽奢华之能事。王府后花园楼台水榭，把江南园林风景带到北京，又融进了西洋建筑，是王府园林的经典之作。

6 郭沫若纪念馆 Former Residence of Guo Moruo

绿意盎然的小院 ■ 推荐星级 ★★★★

攻略HOW

地址 西城区前海西街18号（什刹海西南岸）
交通 乘13、107、118、701、810路在北海北门站下车；地铁4号线平安里站B、C口
电话 010-66034681
门票 20元，学生半价

郭沫若纪念馆就位于什刹海的前海西岸，四合院式建筑，前身是清朝恭王府马号，民国初年由乐达仁堂购为私宅并改建为中西合璧式小院。几经易主，最后郭沫若先生迁居于此，并在此度过了生命的最后15年。故居的布局宽敞而又紧凑，庭院里一片葱茏。故居中的客厅、办公室、卧房依旧保持着郭老生前的陈设和布局。

7 金丝套保护区 The Protected Area of Jinsitao

北京胡同的精华 ■ 推荐星级 ★★★★

攻略HOW

地址 前海北沿、后海南沿、前海后街与柳荫街之间的区域
交通 乘5、107、124、635路在鼓楼站下车；地铁2号线鼓楼大街站B口

金丝套地区是指前海北沿、后海南沿、前海西街与柳荫街之间的区域。汇集于金丝套的胡同与四合院是前海的灵魂，保护区包括大金丝胡同、小金丝胡同、南官房胡同等18条蜿蜒的街巷。文物古迹众多、民风淳朴、京味十足，是什刹海老北京风貌保存最完好的地区之一。

8 辅仁大学旧址 Site of Fu Ren Catholic University

民国时期的著名高校 ■推荐星级 ★★★★★

攻略HOW

地址 西城区定阜街1号
交通 乘107、111、118、810、823路在东官房站下车；地铁4号线平安里站B口

柳荫街旁的辅仁大学旧址曾是庆王府的一部分，辅仁大学以府第为校舍，1930年建造了一栋中西合璧的教学楼。新楼三层，立面上混杂使用中国古建筑手法，有绿琉璃瓦屋顶、汉白玉须弥座，和古朴的中式庭院相得益彰。现在这里是北京师范大学的继续教育学院。

9 德胜门 Deshengmen

明清北京城内城九门之一 ■推荐星级 ★★★★★

攻略HOW

地址 西城区北三环中路德胜门
交通 乘5、27、44、345、734、800路在德胜门站下车；地铁2号线积水潭站A口
电话 010-62018073

德胜门为出兵征战之门，是京师通往塞北的重要门户，素有"军门"之称。德胜门的箭楼还保存完好，雄居于12.6米高的城台之上，箭楼下设有北京市古代钱币展览馆。

10 后海酒吧街 Houhai Bar Street

越到夜晚越美丽 ■推荐星级 ★★★★

攻略HOW

地址 银锭桥西岸，后海附近
交通 乘5、107、124、635路在鼓楼站下车，或乘13、42、111、701、810路在北海北门站下车，或乘5、44、55、409、919路在德胜门站下车；地铁2号线鼓楼大街站B口／积水潭站C口

银锭桥两边的湖岸上，从后海到前海，一家家的酒吧、饭馆连成片，各种风格都有。到了晚上，灯火闪烁，歌声四起，显露出后海感性、奔放的一面。后海的酒吧都开在原先的老房子里，古老和现代的结合，混搭出特别的美感。

12 什刹海 Shichahai

EAT

什刹海

好吃

1 烤肉季 Kaorouji

纯正老北京烤肉　■推荐星级 ★★★★★

● 特色菜肴：
烤肉 它似蜜 麻豆腐

攻略HOW

地址　西城区地安门外大街前海东沿14号
交通　乘5、107、124、635路在鼓楼站下车；地铁2号线鼓楼大街站B口
电话　010-64042554

北京人吃烤肉讲究"南宛北季"。"北季"指的就是位于什刹海银锭桥畔的烤肉季饭庄。他们的烤肉恪守百年传统，精选上等好羊，肉要用秘制调料腌渍，然后放在炙子上加葱丝用果木炙烤，并不断洒上蛋液。烤出来的肉不膻不柴、香醇味厚、久食不腻。

2 爆肚张 Baoduzhang

百年老店旧貌换新颜　■推荐星级 ★★★★★

● 特色菜肴：
爆肚 火烧

攻略HOW

地址　西城区什刹海前海东沿17号
交通　乘5、107、124、635路在鼓楼站下车；地铁2号线鼓楼大街站B口

银锭桥旁的爆肚张已经传到了第四代，原先是一间狭小的屋子，现在在原址上开了新店，敞亮多了。他们的手艺是祖传的，不管是肚仁还是散丹都又脆又嫩，而且没有膻味。店里的火烧也是一绝，每个都能分出20多层，外酥里软、口感极佳。

127

3 厉家菜 Family Li Imperial Cuisine

声名鹊起的宫廷风味菜 ▎推荐星级 ★★★★★

厉家菜创始人厉善麟先生的祖父是内务府大臣，他的主要工作之一便是为皇家审查御膳膳单，辞官后才将他记忆中的膳单和做法记录下来，代代相传至今，形成了厉家菜。厉家菜只有套餐，每套18～22种菜不等，前来吃饭要提前订位。

特色菜肴： 翡翠豆腐 糖醋排骨 凤尾大虾

攻略HOW
- **地址** 西城区德胜门内大街羊房胡同11号
- **交通** 乘5、107、124、635路在鼓楼站下车；地铁2号线积水潭站C口
- **电话** 010-66180107

---

4 梅府家宴 Mei Mansion

高档静雅的私房菜馆 ▎推荐星级 ★★★★★

梅府家宴的房屋原是清朝一个贝勒爷的侧福晋的私宅，是一个环境优美、曲径通幽的三进院。梅府的菜单上列的都是梅兰芳先生生前吃的私家菜，而菜式则来自梅家家传的600道菜品，主基调为清淡精致的淮扬菜风格。订餐标准每位500～2000元。

攻略HOW
- **地址** 西城区大翔凤胡同24号
- **交通** 乘5、107、124、635路在鼓楼站下车；地铁5号线平安里站B口
- **电话** 010-66126845

---

5 九门小吃 Nine Gates Snack Shop

老北京小吃集散地 ▎推荐星级 ★★★

九门小吃集结了北京小吃的几家老字号，让人一次就能领略到京城10多家传统老字号共300多个品种的小吃。虽然这里没有其他的小吃店那么实惠地道，但种类绝对是最全的。

攻略HOW
- **地址** 西城区后海孝友胡同1号（宋庆龄故居西侧）
- **交通** 乘5、44、55、409、919路在德胜门站下车；地铁2号线积水潭站B口
- **电话** 010-64026868

12 什刹海 Shichahai

BUY 什刹海

好买

1 荷花市场 Lotus Market

消夏好去处　▌推荐星级 ★★★

　　荷花市场得名于什刹海前海里的荷花，现在这里是人们自娱自乐的大舞台。"荷花市场"牌楼前的广场上唱歌的、跳舞的、踢毽儿的，旁人可以随意加入。荷花市场步行街上云集了各种酒吧和小店，好不热闹。

攻略HOW

地址 什刹海荷花池畔西岸（前海西岸）

交通 乘13、107、118、701、810路在北海北门站下车；地铁2号线积水潭站C口、4号线平安里站C口

② 烟袋斜街 Yandaixiejie

热闹时尚的明清商业街 ▌推荐星级 ★★★★

北京 好吃·好玩·真好买

攻略HOW

地址 西城区，东起地安门外大街，西至小石碑胡同与鸦儿胡同相连

交通 乘5、107、124、635路在鼓楼站下车；地铁2号线鼓楼大街站

　　烟袋斜街东起地安门外大街，西至小石碑胡同与鸦儿胡同相连，因形似烟袋，且烟草铺集中于此而得名。现在街内酒吧、民间工艺品商店、裁缝铺、传统浴池等林立于弯曲狭长的青石街道两旁。斜街中段的广福观是街上最著名的古迹。

13 钟鼓楼
Drum Tower & Bell Tower

PLAY 好玩 132

EAT 好吃 136

BUY 好买 138

13 钟鼓楼
Drum Tower & Bell Tower

PLAY

北京 好吃・好玩・真好买

好玩

1 钟鼓楼 Drum Tower & Bell Tower

古代的报时中心　推荐星级 ★★★★★

攻略 HOW

地址 东城区钟楼湾临字9号
交通 乘5、107、124、635路在鼓楼站下车；地铁2号线鼓楼大街站B口

　　北京城内的钟楼和鼓楼位于南北中轴线的北端，由于其类似城楼的建筑形式，飞檐翘角的独特形态，因此具有很高的艺术价值和审美情趣，成为北京一道十分著名的人文景观。北京鼓楼建于明永乐十八年（1420），是建在高砖台上的一座殿堂式建筑，台基高达4米，台上有5间重檐的木构殿楼。红墙朱栏、雕梁画栋，非常雄伟壮丽。钟楼筑于高大的砖石城台上，灰筒瓦绿剪边歇山顶，全部为砖石结构，精致且坚固。

　　钟鼓楼地区是目前北京老城内保护最好的地区之一，故宫是皇城的代表，而北京传统生活的代表就是钟鼓楼。

2 后门桥 Houmen Qiao

北京的中心点 ▎推荐星级 ★★★★★

攻略HOW

地址 京城中轴线上，在地安门以北，鼓楼以南的地安门外大街上
交通 乘5、107、124、635路在鼓楼站下车；地铁2号线鼓楼大街站B口

后门桥，又称万宁桥，建于元代，距今已近千年。后门桥位于地安门以北，即元大都中轴线起点与皇宫中心点之间，是连接和扼守大运河与积水潭码头的水上交通枢纽。后门桥两侧水道两旁，趴着四只镇水兽，样子憨态可掬。

3 火神庙 Huoshen Temple

北京历史最悠久的一座御用火神庙 ▎推荐星级 ★★★★

攻略HOW

地址 西城区地安门外大街77号
交通 乘5、107、124、635路在鼓楼站下车；地铁2号线鼓楼大街站B口

火神庙始建于唐朝贞观六年（632），明朝万历年间这里遭遇了一场火灾，从而得到重建，重建后的火神庙改灰瓦为黄琉璃瓦，从此"升级"为皇家专用。每逢火祖圣诞，皇帝都要派太常寺官员前往火神庙致祭。庙内大殿的顶部有一漆金八角蟠龙藻井，精巧无比。

4 广福观 Guangfuguan

古朴的道教寺庙 ▎推荐星级 ★★★★

攻略HOW

地址 西城区地安门内大街烟袋斜街37号
交通 乘5、107、124、635路在鼓楼站下车；地铁2号线鼓楼大街站B口
电话 010-83229842

广福观坐落在烟袋斜街上，分东西两院，东院保存较为完好，有山门、中殿、后殿等建筑尚存于世。广福观历史悠久，建于明天顺三年（1459），现在这里是什刹海历史文化展览馆。

钟鼓楼

5 张之洞故居 Former Residence of Zhang Zhidong

清朝洋务派代表人物之一 ▌推荐星级 ★★★★

张之洞故居位于后门桥南侧，是一座典型的深宅大院，现在门口的照壁、上下马石、八字门墙依稀可见当年威仪。20世纪30年代，张家后人将此宅卖给了哲学大师冯友兰。新中国成立后，这里则一直作为机关宿舍使用。

攻略HOW

地址 西城区白米斜街11号
交通 乘5、107、124、635路在鼓楼站下车；地铁2号线鼓楼大街站B口

6 杨昌济故居 Former Residence of Yang Changji

毛泽东的恩师和岳父 ▌推荐星级 ★★★★

攻略HOW

地址 东城区豆腐池胡同15号
交通 乘107、124、635路在宝钞胡同站下车；地铁2号线鼓楼大街站B口

杨昌济在北京的居所是一座不太规则的两进院落，杨昌济对毛泽东颇为赏识，任北京大学教授期间介绍他去北大图书馆工作。1920年冬，毛泽东、杨开慧喜结连理。这里也是毛泽东青年时代在北京的第一个居所。此处不对外开放，但站在故居门前同样能追思怀古。

7 茅盾故居 Former Residence of Mao Dun

具有北京传统特色的小四合院　■推荐星级 ★★★★

攻略 HOW

地址 东城区交道口后圆恩寺胡同13号

交通 乘104、108、113、758、850路在交道口南站下车；地铁5号线北新桥站D口

茅盾故居坐北朝南，分前后两进院落，为民国时期建造的合瓦过垄脊平房。故居内的书房、卧室、会客厅等处陈设仍旧按照茅盾先生生前的原貌布置。前院西厢房是会客厅，室内的沙发、案头的花瓶、壁上的对联都是旧有之物。

8 MAO Live House

北京最有名的摇滚音乐现场　■推荐星级 ★★★

MAO是北京摇滚青年中无人不知、无人不晓的音乐现场，这里有专业演出场地与高质量的音响设备以及专业的声场设计与灯光，还请来了外籍调音师驻场调音。这一切都是为了给独立音乐人最好的舞台，让人们在摇滚的氛围中挥洒青春。

攻略 HOW

地址 东城区鼓楼东大街111号

交通 乘107、124、635路在宝钞胡同站下车；地铁2号线鼓楼大街站B口

电话 010-64025080

9 嘻哈包袱铺 Xiha Baofupu

80后的相声地盘　■推荐星级 ★★★★

"嘻哈包袱铺"是一个相声团体，从"无人问津"到"一票难求"仅用了半年多的时间，是北京相声的一股新势力。嘻哈包袱铺由30多人组成，几乎清一色都是"80后"男生。他们往传统相声里加进了很多新的时代元素，笑点也"与时俱进"，非常受年轻人欢迎。广茗阁茶楼是他们的根据地，每周三到周六在这里演出。

攻略 HOW

地址 西城区鼓楼西大街61号广茗阁

交通 乘5、107、124、635路在鼓楼站下车；地铁2号线鼓楼大街站B口

电话 010-64011676

钟鼓楼

北京 好吃·好玩·真好买

13 钟鼓楼
Drum Tower & Bell Tower
EAT 好吃

1 姚记炒肝 Yaoji Chaogan

要想吃炒肝，鼓楼一拐弯　**推荐星级** ★★★

● **特色菜肴：**
炒肝 包子

攻略 HOW

地址 西城区鼓楼东大街331号
交通 乘5、107、124、635路在鼓楼站下车；地铁2号线鼓楼大街站B口
电话 010-84010570

姚记炒肝是北京名声最响的炒肝店，经营了三十几年，原先是一个小小的铺面，凭着他们名声在外的炒肝，生意做得越来越好。人满为患，人声鼎沸，现在在老店旁边开了新店。老北京讲究炒肝要跟包子配着吃，姚记的大馅包子相当不错。

❷ 华天地外小吃店 Huatian Di'anmenwai Snack Shop

清真京味小吃大集合 ▍推荐星级 ★★★★

华天地外小吃店经营的北京小吃以种类多、口味正宗著称，据说这里的豌豆黄是全北京最好吃的。如果赶在饭点儿来，这里有北京传统的芝麻酱凉面、炒疙瘩、羊杂汤，全都地道又实惠。

● **特色菜肴：**
豌豆黄 面茶 奶油炸糕 驴打滚

攻略HOW

地址 东城区地安门外大街180号
交通 乘13、42、118、612、701、823路在地安门东站下车；地铁2号线鼓楼大街站B口、4号线张自忠路站A口／北新桥站D口
电话 010-64042946

---

❸ 浦安日式拉面屋
Urayasu Ramen

鼓楼人气拉面馆 ▍推荐星级 ★★★

浦安拉面馆门面很小，一不小心就错过了，里面装修跟日剧里的拉面馆一样，老板以前在日本留学时就在拉面馆工作，学得一身好手艺。豚骨拉面最值得推荐，汤头很棒，是用熬制了七八个小时的高汤调的，香浓味美。

● **特色菜肴：**
豚骨拉面 中华冷面 杏仁豆腐

攻略HOW

地址 东城区鼓楼东大街132号（近南锣鼓巷北口）
交通 乘5、107、124、635路在鼓楼站下车；地铁2号线鼓楼大街站B口、4号线北新桥站D口

---

❹ 万兴居褡裢粥
Wanxingju

地道的老北京褡裢火烧 ▍推荐星级 ★★★

褡裢火烧一直是北京人十分喜爱的小吃，和南方的锅贴有些类似，色泽金黄、焦香四溢、鲜美可口。因为外形似从前北方人外出赶集时身上背的褡裢而得名。万兴居的褡裢火烧品种很多，分量也足，火烧做得相当地道。

● **特色菜肴：**
炒肝 包子

攻略HOW

地址 东城区鼓楼东大街295号
交通 乘5、107、124、635路在鼓楼站下车；地铁2号线鼓楼大街站
电话 010-65245322

钟鼓楼

13 钟鼓楼
Drum Tower & Bell Tower

北京·好吃·好玩·真好买

BUY 好买

1. I'm 熊猫 I'm panda
稀奇古怪，什么都有 ■推荐星级 ★★★

熊猫小店里的东西都很有意思，有专为"按钮控"准备的用按钮做成的项链，怪怪的衣服，各式各样的贴纸，所有的物件都很可爱，总能让人会心一笑。

攻略HOW
地址 东城区鼓楼东大街240号
交通 乘107、124、635路在宝钞胡同站下车；地铁2号线鼓楼大街站B口

2. MEGA MEGA VINTAGE
How to use 远比 Where to buy 更重要 ■推荐星级 ★★

MEGA MEGA VINTAGE是一家专门做"古旧"服装的小店。区别于时尚潮流的快节奏变化，这里倡导的是一种慢节奏的生活，是旧物重生的手段和环保新思维，是某个年代流行文化的缩影及改变风格模式的可能性。把逝去的流行穿在身上，一不小心就又站在了潮流的巅峰。

攻略HOW
地址 东城区鼓楼东大街241号
交通 乘107、124、635路在宝钞胡同站下车；地铁2号线鼓楼大街站B口
电话 010—84045637

3. 勺子家 Spoon House
简约明快的创意小店 ■推荐星级 ★★★

勺子家别出心裁的裁剪，让人一穿就变得很有型。店里还有不少充满创意的小玩意儿，像iPhone冰箱贴、"囧"脸环保袋，就算不买，进来看看也是乐趣。

攻略HOW
地址 东城区鼓楼东大街211号
交通 乘107、124、635路在宝钞胡同站下车；地铁2号线鼓楼大街站B口
电话 010—64006419

14 南锣鼓巷
Nanluoguxiang

PLAY 好玩 140

EAT 好吃 142

BUY 好买 144

14 南锣鼓巷 Nanluoguxiang

PLAY

北京 好吃·好玩·真好买

好玩

1 南锣鼓巷 Nanluoguxiang

最有特色和个性的胡同 ▎推荐星级 ★★★★★

南锣鼓巷是北京一条很古老的街道，街道并不宽，但仍保持着元大都街巷、胡同的规划。清朝达官贵人的故居府第、现代背包客消磨光阴的咖啡馆酒吧、家族传承年代久远的餐馆甜品店、年轻设计师展示创意的衣饰小铺，都在南锣鼓巷找到了共同的主题和时尚精神。

攻略HOW

地址 东城区，南锣鼓巷南北走向，北起鼓楼东大街，南至地安门东大街

交通 乘13、118、612、823路在锣鼓巷站下车，或乘104、108、113、612、758路在北兵马司站下车；地铁5号线张自忠路站，再乘113路在交道口南站下车；地铁5号线北新桥站，再乘635路在宝钞胡同站下车

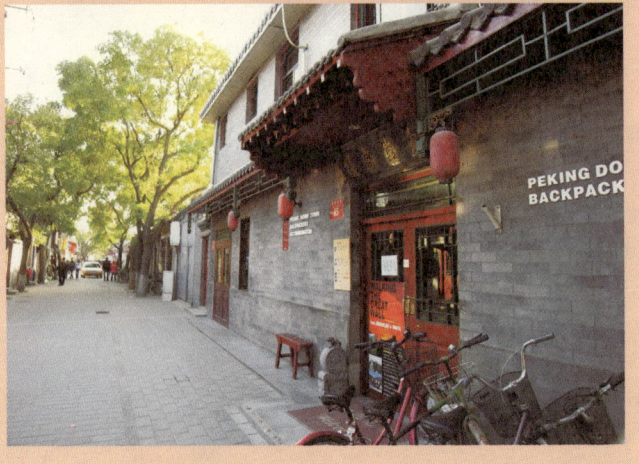

2 棉花胡同 Mianhua Hutong

豪华精致的民居 ■推荐星级 ★★★★★

棉花胡同不宽，两边多为古建式民宅。很多名流的旧居都集中在附近。15号院内有精美繁复的砖雕门楼，上刻花卉、走兽，顶部有朝天栏杆，栏板上雕岁寒三友松、竹、梅，拱门外两侧雕有多宝阁，阁内雕有暗八仙图案。做工之细，实属罕见。

攻略 HOW
- **地址** 西城区东北部，北起罗尔胡同，南至护国寺街
- **交通** 乘104、108、113、612、758路在北兵马司站下车；地铁5号线张自忠路站，再乘113路在交道口南站下车；地铁5号线北新桥站，再乘635路在宝钞胡同站下车

3 帽儿胡同 Mao'er Hutong

有末代皇后婉容的娘家 ■推荐星级 ★★★★★

帽儿胡同是北京最著名的胡同之一，清朝属镶黄旗，原先住在这里的都是大户人家，院落十分气派。35号是婉容娘家的院子，院内山石叠翠，有着江南园林的风格。可园是晚清北京私家园林的代表，布局疏朗有致，建筑精巧而大方。13号院是北洋军阀冯国璋的住宅。45号院是清朝提督衙门所在地。

攻略 HOW
- **地址** 东城区西北部，东起南锣鼓巷，西至地安门外大街
- **交通** 乘104、108、113、612、758路在北兵马司站下车；地铁5号线张自忠路站，再乘113路在交道口南站下车；地铁5号线北新桥站，再乘635路在宝钞胡同站下车

4 中央戏剧学院 Central Academy of Drama Theater

明星辈出的著名院校 ■推荐星级 ★★★★

中央戏剧学院的名字如雷贯耳，许多知名艺人都是从这里走出来的，它和北京电影学院、上海戏剧学院构成中国影坛的三大势力。中戏的实验剧场经常上演很好看的话剧和演出，艺术气息很浓厚，受到热爱话剧的人的追捧。

攻略 HOW
- **地址** 东城区棉花胡同39号
- **交通** 乘13、118、612、823路在锣鼓巷站下车；地铁5号线张自忠路站，再乘113路在交道口南站下车；地铁5号线北新桥站，再乘635路在宝钞胡同站下车

南锣鼓巷

141

14 南锣鼓巷 Nanluoguxiang

EAT

好吃

1 小新的店 Xiaoxin's Cafe

质朴的回味 ■推荐星级 ★★★★

店里20世纪80年代早期风格的桌椅、沙发将室内分隔为六七个独立的小空间。茶几上用清水养了金鱼和绿色植物。厨房与吧台合而为一。咖啡与食物的香气由此暖暖地飘散开去。小新的蛋糕很出名，种类很多样，芝士蛋糕和提拉米苏最受欢迎。

攻略HOW

地址 东城区南锣鼓巷103号
交通 乘13、118、612、823路在锣鼓巷站下车；地铁5号线张自忠路站，再乘113路在交道口南站下车；地铁5号线北新桥站，再乘635路在宝钞胡同站下车
电话 010-64036956

2 锣鼓洞天 Drum and Gong Fusion Restaurant

热热闹闹的改良川菜 ■推荐星级 ★★★★

开在老外经常出没的南锣鼓巷里，锣鼓洞天这个川菜馆自然也多了些"洋味道"，比如奶香浓郁的鸡蔬奶酪烧和新鲜醒神特酿黑咖啡。喜欢爽辣川菜的朋友来这里也不会失望，各种干锅和水煮系列都让人吃得痛快淋漓。

攻略HOW

地址 东城区地安门锣鼓巷104-1号
交通 乘13、118、612、823路在锣鼓巷站下车；地铁5号线张自忠路站，再乘113路在交道口南站下车；地铁5号线北新桥站，再乘635路在宝钞胡同站下车
电话 010-84024729

3 过客 Pass By Bar

旅行者的同盟会 ■推荐星级 ★★★★★

特色菜肴： 羊肉串比萨 亚麻奶茶

攻略HOW

地址 东城区南锣鼓巷108号
交通 乘13、118、612、823路在锣鼓巷站下车；地铁5号线张自忠路站，再乘113路在交道口南站下车；地铁5号线北新桥站，再乘635路在宝钞胡同站下车
电话 010-84038004

过客是南锣鼓巷的"老大哥"，老板小辫儿是资深驴友，骑车去西藏的事他干了好几回，店里的照片都是他的"驴"行所见。过客声称他们有全北京最齐的Lonely Planet，这里也是驴友们经常聚会的地方。过客以意大利菜为主，结合了他们独特的创意，比如著名的"羊肉串比萨"。过客的姊妹店"与食巨近"也开在南锣鼓巷里。

4 细园 Xiyuan

发生艳遇的概率很高 ■推荐星级 ★★★★

特色菜肴： 平桥豆腐 虎皮蛋红烧肉

攻略HOW

地址 东城区东棉花胡同40号
交通 乘13、118、612、823路在锣鼓巷站下车；地铁5号线张自忠路站，再乘113路在交道口南站下车；地铁5号线北新桥站，再乘635路在宝钞胡同站下车
电话 010-84020056

细园位于中戏对面，是一家小小的私家菜馆，经常能看到养眼的帅哥美女从中戏走到这里吃饭。细园的菜品偏向南方风味，每道菜都很精致，清淡却让人回味无穷。

5 喜鹊咖啡馆 ZhaZha Cafe

一个怀旧的空间 ■推荐星级 ★★★★★

攻略HOW

地址 东城区南锣鼓巷101号
交通 乘13、118、612、823路在锣鼓巷站下车；地铁5号线张自忠路站，再乘113路在交道口南站下车；地铁5号线北新桥站，再乘635路在宝钞胡同站下车
电话 010-84024851

喜鹊咖啡馆面积很小，在这个不足60平方米的小咖啡馆里，老式沙发、明式家具、记忆中熟悉的摆设，一切的一切都让人倍感温暖。

南锣鼓巷

北京 好吃・好玩・真好买

14 南锣鼓巷 Nanluoguxiang

BUY 好买

1 文宇奶酪店
Wenyu Cheese Shop

不能错过的宫廷小食 ■推荐星级 ★★★★★

文宇奶酪店是一家经营奶酪和酸梅汤的小店，奶酪是从宫廷传入民间的消夏小吃，奶香馥郁，清凉爽口。文宇奶酪店每天12:00开卖，一般14:00～15:00就告罄了，其火暴程度从它门口排的长长的队伍就能看出来。

攻略HOW
地址 东城区南锣鼓巷49号
交通 乘13、118、612、823路在锣鼓巷站下车；地铁5号线张自忠路站，再乘113路在交道口南站下车；地铁5号线北新桥站，再乘635路在宝钞胡同站下车
电话 010-64057621

2 朴道草堂书店
Pudaocaotang Bookstore

江湖读书人非商业交流空间 ■推荐星级 ★★★

朴道草堂书店是书店和茶馆的结合体，点一杯清茶，捧着一本书，时间就潺潺地从书页中流走了。书店有个小院，禅味十足，是看书的理想之地。

攻略HOW
地址 东城区南锣鼓巷帽儿胡同4号
交通 乘13、118、612、823路在锣鼓巷站下车；地铁5号线张自忠路站，再乘113路在交道口南站下车；地铁5号线北新桥站，再乘635路在宝钞胡同下车
电话 010-84036168

3 创可贴8 Plastered 8

北京主题的创意T恤 推荐星级 ★★★★

创可贴8在南锣鼓巷非常出名，老板是个外国小伙，是个中国通，不论是"宫保鸡丁"还是"办证"，这些在北京街头无处不在的元素都被他拿来用了T恤上。卖的买的绝对都是创意。除此之外，复古怀旧的T恤也很受欢迎，那些"瓷缸子"、"少先队"一下子就把人带回了那个纯真年代。现在这里的名气已经很大，慕名而来的人越来越多。

攻略HOW

地址 东城区南锣鼓巷61号
交通 乘13、118、612、823路在锣鼓巷站下车；地铁5号线张自忠路站，再乘113路在交道口南站下车；地铁5号线北新桥站，再乘635路在宝钞胡同站下车

南锣鼓巷

4 嫵 WOO

优雅的围巾专营店 推荐星级 ★★★

走进嫵就走进了围巾的世界，各种款式，各种材质，让人眼花缭乱。这里的围巾和披肩都非常漂亮，裱上画框就是一幅画，让人爱不释手。

攻略HOW

地址 东城区南锣鼓巷110-1号
交通 乘13、118、612、823路在锣鼓巷站下车；地铁5号线张自忠路站，再乘113路在交道口南站下车；地铁5号线北新桥站，再乘635路在宝钞胡同站下车
电话 010-64005395

145

西单 15
Xidan

- **PLAY** 好玩 147
- **EAT** 好吃 151
- **BUY** 好买 152

15 西单 Xidan

PLAY 西单

好玩

1 西单 Xidan

北京最时尚的商业区 ▎推荐星级 ★★★★★

攻略HOW

交通 乘1、4、37、52、728、802路在西单路口东站下车，或乘44、47、603、604、626路在西单商场站下车；地铁1号线、4号线西单站

西单商业区的历史可以追溯到明代。如今的西单拥有西单商场、西单购物中心、中友百货、大悦城等多家全北京最知名、最高端的大型商场，还有全国最大的综合书店——西单图书大厦，是北京逛街购物的首选之地。

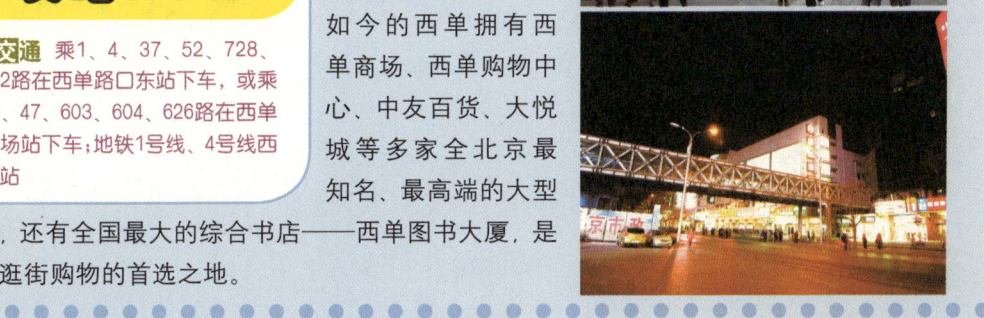

2 西单文化广场 Xidan Culture Square

舒适、温馨的文化广场 ▎推荐星级 ★★★★

西单文化广场的地面部分是一个城市公园，立有复建的西单牌楼和活泼的城市雕塑，并设有一个音乐喷泉，是放松散步的好地方。地下空间是深三层的77街购物中心，吃喝玩乐一应俱全。

攻略HOW

地址 西城区西单北大街176号
交通 乘1、4、37、52、728、802路在西单路口东站下车；地铁1号线西单站A口，地铁4号线西单站G口

3 电报大楼 Telegraph Building

新中国成立后北京十大建筑之一 ■推荐星级 ★★★★

电报大楼是长安街边上一座宏伟的苏式建筑，每到整点，电报大楼的时钟就伴着悠扬洪亮的东方红乐曲敲钟报时，悦耳的钟声使得方圆2.5公里左右的人都能听到。

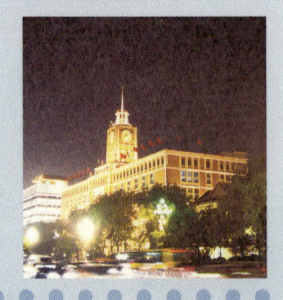

攻略HOW

- 地址 西城区西长安街11号
- 交通 乘1、4、37、52、728、802路在西单路口东站下车；地铁1号线西单站C口

4 北京音乐厅 Beijing Concert Hall

我国第一座现代音乐厅 ■推荐星级 ★★★★★

北京音乐厅是我国第一座现代模式的、专为演奏音乐而设计建造的演出场所，一度是北京音响效果最好的专业音乐厅，享有"中国的音乐圣殿"之美称。有众多国内外音乐大师曾在此一展才华。

攻略HOW

- 地址 西城区北新华街1号
- 交通 乘10、14、70路在六部口站下车；地铁1号线西单站D口
- 电话 010-66057006

5 民族文化宫 Cultural Palace of Minorities

20世纪中国建筑艺术精品之一 ■推荐星级 ★★★★

攻略HOW

- 地址 西城区复兴门内大街49号
- 交通 乘15、37路在民族文化宫站下车；地铁4号线西单站F2口
- 电话 010-66024433

民族文化宫是新中国十周年向国庆献礼的十大建筑之一，造型别致，具有独特的中国民族风格。设有博物馆、中国民族图书馆、民族画院、展览馆、民族文化宫剧院，是了解中国少数民族文化的窗口。

6 女师大旧址 Former Site of Women's Normal University

鲁迅先生曾在此教书 ▮推荐星级 ★★★★★

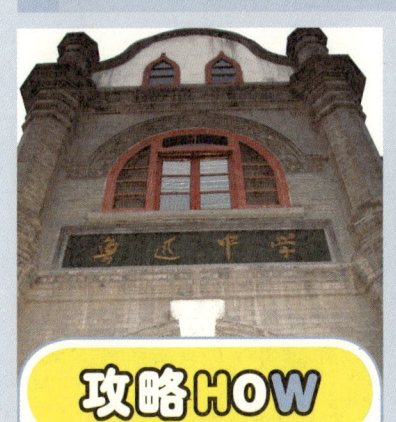

攻略HOW

▮**地址** 西城区新文化街45号
▮**交通** 乘15、22、106、603、808路在西单路口南站下车；地铁1号线、地铁4号线西单站
▮**电话** 010-66013317

北平女子师范大学成立于1908年，院内环境古朴幽雅，青砖雕花极其精巧，房舍错落有致，回廊相连。1923~1926年鲁迅先生曾在此执教，他的名篇《记念刘和珍君》就与这间学校息息相关。现在这里是鲁迅中学所在，是北京最美丽的中学之一。学校所在的新文化街也是一条优美的非常适合散步的街道。

7 齐白石故居 Former Residence of Qi Baishi

"白石画屋"所在 ▮推荐星级 ★★★★

攻略HOW

▮**地址** 西城区跨车胡同13号院
▮**交通** 乘7、38路在辟才胡同站下车；地铁4号线灵境胡同站D口

齐白石故居坐落在繁华的西单商业区西侧，是一处陈旧的四合院。故居中的3间北房是当年的"白石画屋"，房檐下悬挂有齐白石亲手篆刻的横匾，"白石画屋"四个大字尚依稀可见。

西单

8 四方区胡同 Sifangqu Hutong

北京保存最好的胡同区之一 ■推荐星级 ★★★★

四方区位于民族文化宫对面，西起闹市口南大街，东到参政胡同，在媒体上被称为"长安街最大平房区"。李大钊故居就在四方区的文华胡同里。这里的大多数胡同还保持着自明清就延续下来的原貌，富有浓浓的旧京风情，具有独特的历史景观价值。

攻略HOW

地址 西城区复兴门内大街民族文化宫对面，西起闹市口南大街，东到参政胡同

交通 乘15、37路在民族文化宫站下车；地铁4号线西单站J1口

9 金融街 Financial Street

中国的华尔街 ■推荐星级 ★★★

攻略HOW

交通 乘1、4、37、52、728、802路在复兴门站下车；地铁1号线、2号线复兴门站

金融街是北京重要的金融中心，这里过去叫金城坊，自古就是金融中心。历史发展到今天，已有600多家国内外著名的金融机构在金融街落户。国内九大银行、三大通信公司的总部都设在这里，是名副其实的"东方华尔街"。

15 西单 Xidan

EAT 西单

好吃

1 西单翅酷 Xidan Chiku
火暴烤翅店 ■推荐星级 ★★★★

去翅酷一定要预订，不然就要排很久的队。他们的鸡翅烤得很透，焦黄熟嫩，光是看着就很有食欲。但最著名的是这里的"变态辣"，鸡翅的两面都涂上厚厚的辣椒，整个鸡翅都被红色盖住了，咬下去，一定能辣到喷出火来。

● 特色菜肴：
烤翅

攻略HOW

■ 地址　西城区西单图书大厦东侧钟声胡同15号（民航大厦旁）
■ 交通　乘1、4、37、52、728、802路在西单路口东站下车；地铁1号线西单站C口
■ 电话　010-66032605

2 六部口涮肉 Liubukou Hot Pot
价廉味美的老涮肉馆 ■推荐星级 ★★★★

六部口涮肉经营的是传统的铜锅涮肉，价廉味美，很多老北京都很喜欢。他们的羊肉非常嫩，手切的羊肉，片得很薄，在锅里一涮就熟了，精品麻酱小料特别合口。

● 特色菜肴：
手切羊肉　肥牛　百叶

攻略HOW

■ 地址　西城区北新华街7号
■ 交通　乘10、14、70路在六部口站下车；地铁1号线西单站D口
■ 电话　010-66019757

北京・好吃・好玩・真好买

15 西单 Xidan

BUY 好买

---

1 中友百货 Zhongyou Shopping Center

青春活力的时尚购物地 ▎推荐星级 ★★★★★

中友百货集合了时下最具市场号召力和流行度的品牌，时尚、前卫的购物风格很合年轻人的胃口。这里丰富多彩的促销活动总能聚拢很高的人气。

攻略HOW

地址 西城区西单北大街176号华南大厦
交通 乘1、4、37、52、728、802路在西单路口东站下车；地铁1号线西单站G口
电话 010—66018899

② 北京图书大厦 Beijing Books Building

全国第一书城 ▪推荐星级 ★★★★★

攻略HOW

地址 西城区西长安街17号
交通 乘1、4、37、52、728、802路在西单路口东站下车；地铁1号线西单站B、C口
电话 010-66078477

北京图书大厦是全国大型国有零售书店之一，是北京市规模最大、经营品种最丰富的书城，主要经营图书和音像制品。地下一层是原版书专区，图书零售采用开放式售书。图书种类很全，特别是新书很多，上架非常快。环境宽敞明亮，图书门类清晰，这里已经成为西单的地标和来西单逛街的首先之地。

西单

3 君太百货 Juntai Shopping Center

打折力度强大的购物场所 ■推荐星级 ★★★★

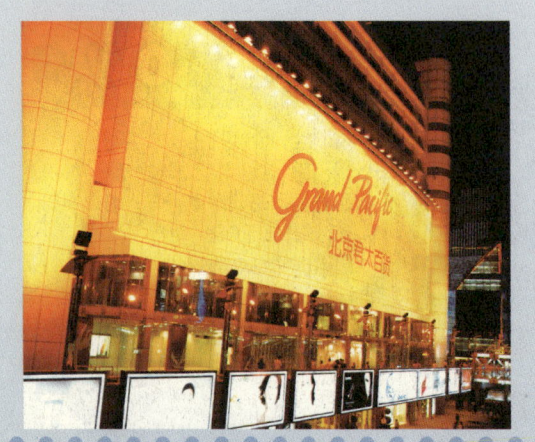

攻略 HOW

地址 西城区西单北大街133号
交通 乘1、4、37、52、728、802路在西单路口东站下车；地铁4号线西单站F1口
电话 010-66126888

君太百货与中友百货隔街相望，这里的品牌档次更高一些，他们也常年举办折扣很大的促销活动，经常能淘到性价比很高的东西。地下1层的餐饮区很丰富，选择很多样。

4 大悦城 Joy City

时尚消费的潮流胜地 ■推荐星级 ★★★★★

攻略 HOW

地址 西城区西单北大街131号
交通 乘1、4、37、52、728、802路在西单路口东站下车，或乘44、47、603、604、626路在西单商场站下车；地铁4号线西单站F1口
电话 010-66517777

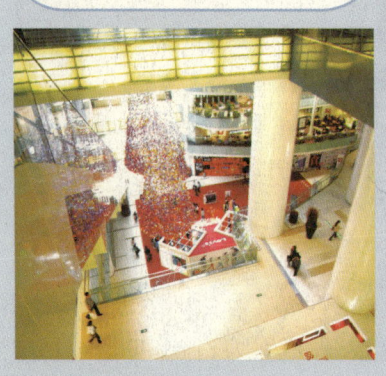

大悦城的总营业面积达11.5万平方米，相当于半个鸟巢体育场。风靡全球的众多时尚品牌皆汇集于此：来自日本的优衣库、香港的IZZUE以及西班牙的ZARA和H&M。这里还有世界跨度最长的飞天扶梯，一下子可以坐到5楼。5楼会聚了众多美食馆，从港式快餐到西餐甜点再到传统老字号一应俱全。

5 西单商场 Xidan Department Store

历史悠久的老牌百货大楼 ▍推荐星级 ★★★★★

西单商场有70多年的历史，是20世纪70年代末80年代初北京四大商场之一，与北京市百货大楼齐名。现在西单商场走大众路线，所设的专柜都很贴近老百姓，价格也比较实惠。

攻略HOW

- 地址 西城区西单北大街120号
- 交通 乘44、47、603、604、626路在西单商场站下车；地铁4号线西单站D口
- 电话 010-66565588

6 三味书屋 Sanwei Bookstore

北京最有声望的书店 ▍推荐星级 ★★★★

位于民族文化宫对面的三味书屋创办于1988年，是北京第一家民营书店，也是京城最早实现开架售书的书店之一。书店是一栋两层的灰墙灰瓦的小楼，从外到内，都透着一种古朴的气质。2楼设有茶馆，经常会举办各种各样的研讨会、讲座等文化活动。

攻略HOW

- 地址 西城区复兴门内大街20号
- 交通 乘15、37路在民族文化宫站下车；地铁4号线西单站J2口
- 电话 010-66013204

西单

西四 16
Xisi

PLAY 好玩 157

EAT 好吃 161

BUY 好买 163

16 西四 Xisi

PLAY

好玩

1 西什库教堂 Xishiku Cathedral

北京最绚丽的教堂 ■推荐星级 ★★★★★

西什库天主堂，又称北堂，位于西安门大街北侧，是北京最大的天主教教堂。北堂是典型的哥特式建筑。它的四个高高的尖塔，三个尖拱券入口及主跨正中圆形的玫瑰花窗，塑造出端庄而绮丽的立面，庄严而秀丽。

攻略HOW

- **地址** 西城区西什库大街33号
- **交通** 乘14、55、101、124、814路在西安门站下车；地铁4号线西四站B口
- **电话** 010-66175198

2 广济寺 Guangji Temple

高僧辈出的寺庙 ■推荐星级 ★★★★★

广济寺始建于元代，是北京著名的"内八刹"之一。现存建筑保持了明代的格局，坐北朝南，主要建筑有山门、钟鼓楼、天王殿、大雄宝殿、观音殿等。建寺500多年以来，薪火相传，高僧辈出，很多佛学巨匠也曾在此弘法布教。现在的北京广济寺是中国佛教协会所在地。

攻略HOW

- **地址** 西城区阜成门内大街25号
- **交通** 乘14、102、602、603、846路在西四路口西站下车；地铁4号线西四站D口
- **电话** 010-64035035

3 白塔寺 White Dagoba Temple

宏大的藏式白塔 ▍推荐星级 ★★★★★

攻略HOW

地址 西城区阜成门内大街171号
交通 乘4、13、42、604、695、823路在白塔寺站下车；地铁2号线阜成门站B口，或地铁4号线西四站D口
电话 010-66160211
门票 20元，学生半价

白塔寺本名叫妙应寺，因为寺内有一座通体洁白的藏式喇嘛塔，所以人们都习惯地将塔下的寺院称为"白塔寺"。白塔寺是元大都保留下来的重要建筑之一，据说其位置是由忽必烈亲自选定，高大的白塔是依据古印度的佛塔式样，由著名的尼泊尔工艺师阿尼哥设计并主持修建的，有浓浓的异域风情。寺内陈列有"白塔寺珍贵文物展"。

4 历代帝王庙 Temple of Ancient Monarchs

北京三大皇家庙宇之一 ▍推荐星级 ★★★★

攻略HOW

地址 西城区阜成门内大街131号
交通 乘4、13、42、604、695、823路在白塔寺站下车；地铁2号线阜成门站B口，或地铁4号线西四站D口
电话 010-66120186
门票 20元，学生半价

历代帝王庙始建于明嘉靖九年（1530），是北京三大皇家庙宇之一，是明清两代皇帝祭祀历代开业帝王和历代开国功臣的场所。历代帝王庙殿宇恢弘、院落宽敞，正中的景德崇圣殿面阔九间，进深五间，蕴涵帝王"九五之尊"之意，是封建宫廷建筑的最高等级，与故宫的太和殿规制相同。

5 砖塔胡同 Zhuanta Hutong

历史最悠久的胡同之一 ▍推荐星级 ★★★★

攻略HOW

地址 西城区西四牌楼附近
交通 乘42、102、603、685、846路在西四路口西站下车；地铁4号线西四站D口

砖塔胡同因其东口有一青灰色砖塔得名，自元朝至今从未改名。此塔是一座塔包塔。外部为乾隆年间所建，元塔包在其内，是北京城现存唯一砖塔。这条胡同与不少著名的文化界人士结下了不解之缘，砖塔胡同84号就是当时鲁迅与周作人失和后居住的地方，张恨水在95号院度过余生，可惜故居在2008年被拆除。

6 鲁迅博物馆
Lu Xun Museum

鲁迅在北京生活的最后一处居所　推荐星级 ★★★★★

攻略 HOW

地址 西城区阜成门内大街宫门口二条19号

交通 乘13、42、101、456、714、814路在阜成门内站下车；地铁2号线阜成门站B口

电话 010—66156549

门票 5元，学生3元

鲁迅博物馆成立于1956年，馆藏文物、图书等藏品7万余件。院内的鲁迅故居是鲁迅先生1923年年底购买，1924年春天亲自设计改建的一座四合院。鲁迅先生在此居住期间，共写作、翻译了200多篇文章，都收录在《华盖集》、《野草》、《朝花夕拾》等文集中。

7 中国地质博物馆
The Geological Museum of China

拨开地质学的迷雾　推荐星级 ★★★★

攻略 HOW

地址 西城区西四羊肉胡同15号

交通 乘13、42、101、456、714、814路在阜成门内站下车；地铁4号线西四站D口

电话 010—66557858

门票 30元，学生半价

中国地质博物馆创建于1916年，是中国成立最早、目前亚洲规模最大的国家级地质学博物馆。博物馆收藏地质标本20余万件，涵盖地质学各个领域。其中有蜚声海内外的巨型山东龙、中华龙鸟等恐龙系列化石，北京人、元谋人、山顶洞人等著名古人类化石，还有世界最大的"水晶王"，以及种类繁多的宝石、玉石等一大批国宝级珍品。

西四

8 利玛窦之墓
Tomb of Matteo Ricci

外国传教士的墓地 ▎推荐星级 ★★★★

这里面安息着63位传教士，其中不乏大名鼎鼎的人物，譬如：利玛窦、汤若望以及著名的宫廷画师郎世宁。墓碑都是中西合璧的样式，其中利玛窦墓碑最为高大，碑上用中文和拉丁文刻着碑铭，周围环绕着有宗教意味的玫瑰花，顶部是一个缠绕着中国龙的十字架。墓地周围的西洋建筑是马尾沟教堂遗存，虽然已经另作他用，但格局没有大的变化，值得一看。

攻略HOW
- **地址** 西城区车公庄大街6号
- **交通** 乘19、107、118、392、701、特4路在三塔寺站下车；地铁2号线车公庄站A口

9 梅兰芳大剧院 Mei Lanfang Theater

专业的现代化京剧院 ▎推荐星级 ★★★★

梅兰芳大剧院的设计很现代，"中国红"元素的设计更增加了它的民族特色。梅兰芳大剧院是京城首座专门针对京剧演出设计的剧场，让戏迷、票友们大饱耳福。

攻略HOW
- **地址** 西城区阜成门北大街8号
- **交通** 乘19、107、118、392、685、701路在车公庄西站下车；地铁2号线车公庄站B口
- **电话** 010-58519688

16 西四 Xisi

EAT 西四

好吃

1 华天延吉餐厅
Huatian Yanji Restaurant

朝鲜冷面第一家 ▎推荐星级 ★★★★

华天延吉是1943年开业的老字号，这里遵循传统，坚持用荞麦做面，现压现吃。冷面煮熟之后黏度很高，吃起来爽滑筋道，加上华天延吉的秘制面汤之后更觉滑爽宜人。

特色菜肴：
朝鲜冷面 辣牛肉 韩国泡菜

攻略HOW

地址 西城区西四北大街181号
交通 乘13、22、105、409、690、826路在西四路口北站下车；地铁4号线西四站A口
电话 010-66153293

---

2 砂锅居 Shaguoju

飘香三百年 ▎推荐星级 ★★★★★

砂锅居开业于清乾隆六年(1741)，是一家有200多年历史的老字号，以经营砂锅白肉享誉京城。砂锅白肉的肉片薄如纸，酸菜浓香可口、粉条筋道、汤汁浓郁，来这里的回头客很多。

特色菜肴：
沙锅白肉 沙锅丸子

攻略HOW

地址 西城区西四南大街60号
交通 乘22、38、47、102、690、826路在缸瓦市站下车；地铁4号线西四站D口
电话 010-66087621

161

3 曲园酒楼 Quyuan Restaurant

北京最老牌的湘菜馆 ▎推荐星级 ★★★★★

曲园酒楼创建于清光绪年间，是北京经营湖南菜最早的老字号。因为他们的菜地道，居京的湖南人常相邀在此，毛泽东在品尝曲园酒楼的菜肴后，夸赞是"地道的家乡风味"。东安子鸡是曲园酒楼的镇店名菜，童子鸡经过爆炒和焖烧，鲜香软嫩、酸辣鲜香，令人赞不绝口。

● **特色菜肴：**
东安子鸡 酸辣肚尖

攻略 HOW
- **地址** 西城区展览馆路48号
- **交通** 乘15、45、103、319、650、814路在展览路站下车；地铁2号线阜成门站A口
- **电话** 010-68318502

---

4 鸿宾楼 Hongbinlou

清真餐饮第一楼 ▎推荐星级 ★★★★★

鸿宾楼创建于1853年，是天津清真"九大楼"之一，1955年由天津迁入北京。鸿宾楼饭庄的菜肴有数百种之多，口味醇正、营养丰富、造型美观。北京风味的涮羊肉、清真挂炉烤鸭、独门秘制的时令河鲜和文化底蕴深厚的全羊宴都是鸿宾楼的招牌菜。鸿宾楼的外卖窗口还有地道美味的老北京小吃出售。

● **特色菜肴：**
红烧牛尾 芫爆散丹 全羊宴

攻略 HOW
- **地址** 西城区展览路11号
- **交通** 乘15、45、101、697、814路在百万庄东口站下车；地铁2号线阜成门站A口，或地铁2号线车公庄站A口
- **电话** 010-68994560

---

5 新疆饭庄 Xinjiang Restaurant

正宗地道的新疆美食 ▎推荐星级 ★★★★★

新疆饭庄是乌鲁木齐驻北京办事处的餐厅，就藏在五栋大楼后面的胡同里。这里的服务员都是一水儿的新疆姑娘、小伙儿，菜品也特别正宗，很多在北京生活的新疆人都很认可这里的饭菜。店里的拿手菜是一品羊排、馕包肉和烤羊腿，香嫩无比。

● **特色菜肴：**
烤羊腿 一品羊排 自制酸奶

攻略 HOW
- **地址** 西城区车公庄大街北里1号乌鲁木齐驻京办（五栋大楼北）
- **交通** 乘19、107、118、392、685、701路在三塔寺站下车，或乘15、19、26、45、65、107、118、319、392、685、693、701、714、814路二里沟东口站下车；地铁2号线阜成门站A口
- **电话** 010-68362795

16 西四 Xisi

BUY 西四

好买

1. 天意新商城 Tianyi Market

品种齐全的小商品批发市场 ■推荐星级 ★★★★★

天意是北京最著名的批发市场之一，是很多老百姓买东西的首选。从衣帽鞋袜到钟表五金，这里只有你想不到的，没有买不到的。老天意的基础上发展起来的新天意商城在软件和硬件方面都有了很大的提高。

攻略HOW
- 地址 西城区阜外大街259号
- 交通 乘37、56、101、335、603、746路在阜外西口站下车；地铁2号线阜成门站A口
- 电话 010-68329332

2. 万通新世界商品交易市场 Wantong Market

砍价也是一种乐趣 ■推荐星级 ★★★★

万通也是北京一大批发市场，从地下1层到4楼，经营品种达5万余种，涵盖了人们生活所需的方方面面。在万通买东西一定要学会砍价，这里店家开价都普遍虚高。

攻略HOW
- 地址 西城区阜成门外大街2号（华联对面）
- 交通 乘13、42、101、335、603、714、823路在阜成门站下车；地铁2号线阜成门站D口
- 电话 010-68046283

北京 好吃·好玩·真好买

3 华联商厦 Hualian Market

阜成门的地标 ■ 推荐星级 ★★★

攻略HOW

地址 西城区阜成门外大街1号
交通 乘13、42、101、335、603、714、823路在阜成门站下车；地铁2号线阜成门站A口
电话 010-88371188

华联是阜成门一带人气颇高的百货公司，开业多年。这里的定位比较大众化，经常举办各种主题的打折活动。很受北京人的喜爱。

4 官园小商品市场 Guanyuan Market

要省钱，到官园 ■ 推荐星级 ★★★★

官园是一家老牌的批发市场，东西很实惠，日常用品品种齐全，是北京当地人的购物热地。官园的儿童用品非常多，是妈妈们的不二之选。

攻略HOW

地址 西城区车公庄大街甲4号
交通 乘19、107、118、392、701、特4路在三塔寺站下车；地铁2号线车公庄站B口
电话 010-51954001

17 动物园
Zoo

PLAY 好玩 166

EAT 好吃 170

BUY 好买 172

17 动物园 Zoo

PLAY

好玩

1 北京动物园 Beijing Zoo

中国开放最早，饲养动物最多的动物园之一　推荐星级 ★★★★★

攻略HOW

地址 西城区西直门外大街137号

交通 乘7、15、105、347、697、808、特4路在动物园站下车；地铁4号线动物园站B口

电话 010-68314411

门票 旺季4月1日～10月31日，15元；学生8元。淡季11月1日～次年3月31日，10元；学生5元。熊猫馆：5元

　　北京动物园建于清光绪三十二年（1906），其前身为农事试验场，后建成牲园，专门饲养、展出由清朝大臣端方从德国买来献给慈禧太后的野生动物。动物园内还保留着多处清末时期的建筑。畅观楼建于清末，是仅存的皇家西式行宫。现在的北京动物园已经发展成一个世界知名的动物园，共展出如大熊猫、东北虎、金丝猴、麋鹿等动物品种490余种，近5000头动物，是我国最大的动物园之一。

2 北京海洋馆 Beijing Aquarium

世界最大的内陆水族馆 ■推荐星级 ★★★★★

攻略HOW

■地址 西城区高粱桥斜街乙18号
■交通 乘7、15、105、347、697、808、特4路在动物园站下车；地铁4号线动物园站B口
■电话 010-62176655-6791
■门票 120元

北京海洋馆位于北京动物园内，看上去犹如一只蓝色的大海螺。馆内巧妙地设置了"雨林奇观"、"触摸池"、"海底环游"、"鲨鱼码头"、"国宝中华鲟鱼馆"、"鲸豚湾"、"海洋剧院"等七个主题的展示区域，饲养和展示了色彩缤纷，千奇百怪的海洋鱼类及生物达千余种、数万尾。海洋剧院还有海豚表演，北京海洋馆是来北京亲子旅游的必逛地，一定让游客大饱眼福。

动物园

3 北京天文馆 Beijing Planetarium

探索浩渺的星空 ■推荐星级 ★★★★★

北京天文馆是中国乃至亚洲大陆的第一座大型天文馆，目前仍是内地唯一的大型专业天文馆。北京天文馆老馆分天象厅、展览厅、天文台、天文广场、气象台等部分。天象厅内设600席座位，厅内中央安放一架国产大型天象仪，可表演日、月、星辰、流星、彗星、日食、月食等天象。新馆设施包括数字太空剧场、立体动感天文影院、4D立体动感影院、太阳观测台、大众天文台等。两个剧场以其强烈的动感、特殊的视听合成效果，生动地演绎出壮丽的星空景象。

攻略HOW

■地址 西城区西直门外大街138号
■交通 乘7、19、111、347、814、特5路在动物园站下车；地铁4号线动物园站D口
■电话 010-51583311
■门票 10元，学生7元；宇宙剧场45元，3D剧场、4D剧场各30元

北京 好吃·好玩·真好买

4 中国古动物馆
Paleozoological Museum of China
亚洲最大的古动物博物馆　▎推荐星级 ★★★★

中国古动物馆的展品非常丰富，而且格外珍贵，其中包括来自非洲的"活化石"拉蒂迈鱼、亚洲最大的恐龙马门溪龙、被称为"中国第一龙"的许氏禄丰龙、被编入我国小学课本的古动物黄河象的骨架，以及神秘的"北京猿人"头盖骨丢失前复制的仿真模型等。

攻略HOW

- 地址　北京西城区西直门外大街142号
- 交通　乘7、19、111、347、814、特5路在动物园站下车；地铁4号线动物园站D口
- 电话　010-88369210
- 门票　20元，学生半价

---

5 北京展览馆 Beijing Exhibition Center
高大气派的俄罗斯建筑　▎推荐星级 ★★★★★

攻略HOW

- 地址　西城区西直门外大街135号
- 交通　乘15、26、107、697、814路在北京展览馆站下车；地铁4号线动物园站B口
- 电话　010-68316677

北京展览馆建立于1954年，是北京市第一座大型综合性的展览馆。这座建筑是由原苏联中央设计院设计，参照了俄罗斯的经典建筑杰作圣彼得堡海军总部大厦，主楼高耸峭立，回廊宽缓伸展，优美而不失大气。

---

6 五塔寺 Wuta Temple
精美绝伦的石刻佛塔　▎推荐星级 ★★★★

五塔寺又名真觉寺，建于明永乐年间，五塔寺在清朝末年被毁后，只剩下寺中的金刚座宝塔。该塔由刻满宗教纹饰的金刚宝座及座顶五个精美的小石塔组成。是我国现存6座金刚宝座塔中时代最早、造型最美的一座。在五塔寺遗址内还设立了北京石刻艺术博物馆，汇集了北京地区的石雕石刻精品。

攻略HOW

- 地址　海淀区白石桥路五塔寺24号
- 交通　86、320、653、717、特4、运通105路在国家图书馆站下车；地铁4号线国家图书馆站A口
- 电话　010-62176057
- 门票　20元，学生半价

7 国家图书馆
National Library of China
恢弘的知识宝库　■推荐星级 ★★★★★

国家图书馆历史悠久，其前身是筹建于1909年9月9日的京师图书馆。现在的国家图书馆已经发展成亚洲第一大，世界第三大图书馆，馆藏丰富、品类齐全、古今中外、集精撷萃。

攻略HOW
- 地址　海淀区中关村南大街33号
- 交通　乘86、320、653、717、特4、运通105路在国家图书馆站下车；地铁4号线国家图书馆站A口
- 电话　010-88545426

8 紫竹院公园 Zizhuyuan Park
如同走进江南水乡　■推荐星级 ★★★★

紫竹院公园始建于1953年，因园内有明清时期的庙宇"佛荫紫竹院"而得名。公园内，一河一渠穿园而过，满眼的花木翠竹，极具江南风情。紫竹院引进的竹子达60多个品种，共计70多万株，是一座名副其实的竹景公园。

攻略HOW
- 地址　海淀区白石桥路45号
- 交通　乘86、320、653、717、特4、运通105路在国家图书馆站下车；地铁4号线国家图书馆站D口
- 电话　010-68420055

9 首都体育馆 Capital Indoor Stadium
北京著名的综合性体育馆　■推荐星级 ★★★★

首都体育馆是2008年北京奥运会排球比赛的赛场，这里可进行多种体育项目比赛，是一座名副其实的"综合性体育馆"。首都体育馆经常举办各种赛事和文体演出以及大型的展销会。

攻略HOW
- 地址　海淀区西直门外白石桥5号
- 交通　乘86、320、653、717、特4、运通105路在白石桥东站下车；地铁4号线国家图书馆站C口
- 电话　010-68428381

动物园

北京 好吃·好玩·真好买

17 动物园 Zoo

EAT 好吃

1 莫斯科餐厅
Moscow Restaurant
新中国成立后北京的第一家西餐厅 ■ 推荐星级 ★★★★★

莫斯科餐厅建于1954年，属于北京展览馆建筑群之一，充满浓郁俄罗斯情调，被北京人亲切地称为"老莫"，是当时北京最高雅的餐厅之一。现在，莫斯科餐厅主要经营俄式西餐，菜品讲究色泽、价格适中，最受欢迎的还是红菜汤、罐焖羊肉等传统菜品，几乎每桌必点。

● 特色菜肴：
红菜汤 罐焖牛肉 莫斯科式奶油烤鱼

攻略HOW

地址 西城区西直门外大街135号北京展览馆院内
交通 乘15、26、107、697、814路在北京展览馆站下车；地铁4号线动物园站B口
电话 010-68354454

2 阿汤哥养生汤锅店
Atangge
滋补美味的老鸭汤 ■ 推荐星级 ★★★

鸭子有滋阴、去火的功效，是养生的绝好食材，四季皆宜。阿汤哥养生汤锅的招牌菜——秘制酸萝卜老鸭汤，采用阿汤哥家传秘方调味，用精陶沙锅文火炖制而成，是养生佳品。

● 特色菜肴：
酸萝卜老鸭汤

攻略HOW

地址 西城区西直门外大街141号
交通 乘86、320、653、717、特4、运通105路在白石桥东站下车；地铁4号线动物园站A口
电话 010-68357980

3 沸腾鱼乡 Feitengyuxiang

沸腾京城的水煮鱼 ■ 推荐星级 ★★★

● 特色菜肴：
水煮鱼 香辣蟹 馋嘴蛙

攻略HOW

地址 西城区西直门南大街2号成铭大厦2楼
交通 乘85、360、438、634、运通106路在西直门站下车；地铁2、4、13号线西直门站C口
电话 010-51901776

10年前，沸腾鱼乡把四川名菜水煮鱼带进京城，也带起了北京餐馆的水煮鱼热。沸腾鱼乡的师傅是特意从重庆请来的，店里除水煮鱼外，还有许多地道的精品川菜，让人在美食的诱惑面前欲罢不能。

4 东巴部落 Dongbabuluo

时尚地道的云南菜 ■ 推荐星级 ★★★

● 特色菜肴：
菠萝芥末虾球 烤五花肉 黑三剁

攻略HOW

地址 西城区西直门外大街丁141号
交通 乘7、15、105、347、697、808、特4路在动物园站下车；地铁4号线动物园站A口
电话 010-68319358

东巴部落是一家浪漫的云南菜馆，装修得很有情调。这里空运自云南的食材，及掌勺的正宗云南纳西族大厨都为他们的菜色加分不少。

5 宴华园酒楼 Yanhuayuan

精致的杭帮菜 ■ 推荐星级 ★★★

● 特色菜肴：
小米炖海参 秘制石锅红烧肉

攻略HOW

地址 西城区展览馆路14号
交通 乘15、26、45、650、特4路在二里沟站下车；地铁4号线动物园站C口
电话 010-68335678

宴华园以杭帮菜为主打，菜品制作非常精致细腻，单是看着就让人胃口大开。小米炖海参是这里最受欢迎的菜品之一，黄澄澄的小米粥中央是一支新鲜透亮的辽参，米粥用高汤熬制，珍馐配粗粮，创意独特，风味绝佳。

动物园

北京 好吃·好玩·真好买

17 动物园 Zoo

BUY 好买

1 嘉茂购物中心 Capita Retail
时尚血拼新体验 ▎推荐星级 ★★★★

嘉茂购物中心占据了西直门的新地标西环广场的地下1层到6楼。购物中心融合了大型超市、国际品牌专卖店、美容健身、休闲游乐、美食广场和特色餐饮，更有星级KTV，一应俱全。

攻略HOW
- **地址** 西城区西直门外大街1号西环广场
- **交通** 乘26、111、347、438、632、808路在西直门外站下车；地铁2、4、13号线西直门站A口
- **电话** 010-58301008

2 华堂商场 Ito Yokado
来自日本的综合商场 ▎推荐星级 ★★★★

华堂商场整体的购物环境很好，设计人性化，人也不是很多，但高档流行服饰品种齐全，非常适合闲来逛逛。华堂开辟有日本商品特卖区，超市里也有很多日本食品出售。

攻略HOW
- **地址** 西城区西直门外大街112号
- **交通** 乘15、26、107、697、814路在北京展览馆站下车；地铁4号线动物园站C口
- **电话** 010-68312255

③ 动物园服装批发市场 Beijing Zoo Market

北方地区最大的服装批发集散地 ■推荐星级 ★★★★

动物园是北京一大淘衣"胜地",在北京展览馆以西、动物园以南的这片不大的区域里,聚集好几个大的服装批发市场:东鼎、天乐、众合、天皓城、金开利德、世纪天乐等。所售的衣服种类之多、品种之全、范围之广,远远超乎你的想象。

攻略HOW

地址 西城区西直门外大街北京动物园附近(近白石桥)

交通 乘7、105、347、697、特4、运通105路在动物园站下车;地铁4号线动物园站

●世纪天乐

世纪天乐是周边几个批发市场中最火的一个,位于动物园交通枢纽的正南。这里的服装样式相比周边市场是最潮的,非常适合年轻人。

●聚龙

聚龙是一个地下商城,只有一层,但面积非常大。这里主要以经营外单服饰居多,有不少正品大牌便宜的服装尾货,价格非常实惠。

●金开利德

金开利德位于动物园公交枢纽的正上方,正对世纪天乐,地理位置极佳。这里主要经营国内大中小品牌服装,规模非常大。

●东鼎市场

东鼎市场是动物园地区最大的批发市场,1楼至5楼,每一层的市场定位都不一样。相比之下这里的购物环境要好一些,但价格相对较贵。

●众合服装批发市场

众合是动物园批发市场的元老,购物环境一般。这里的衣服可能不是什么"牌子货",但款式和流行度绝对和一线服装大牌看齐。

●天乐宫

天乐宫位于天文馆西侧,里面只有一层,购物环境相对较差。天乐宫里藏龙卧虎,淘宝达人能在这里淘到超值的外贸衣服。

动物园

新街口
Xinjiekou

PLAY 好玩 175

EAT 好吃 178

BUY 好买 180

18 新街口 Xinjiekou

PLAY

新街口

好玩

1 梅兰芳故居 Former Residence of Meilanfang

京剧泰斗的最后居所　推荐星级 ★★★★

梅兰芳故居是一座典型的四合院，一进大门，迎面是青石砖瓦的大影壁，院内花木扶疏，清幽典雅。在这里，这位艺术大师度过了生命中的最后10年。现在这里是梅兰芳纪念馆，故居内的各项陈设还保持着梅兰芳生前的样子。

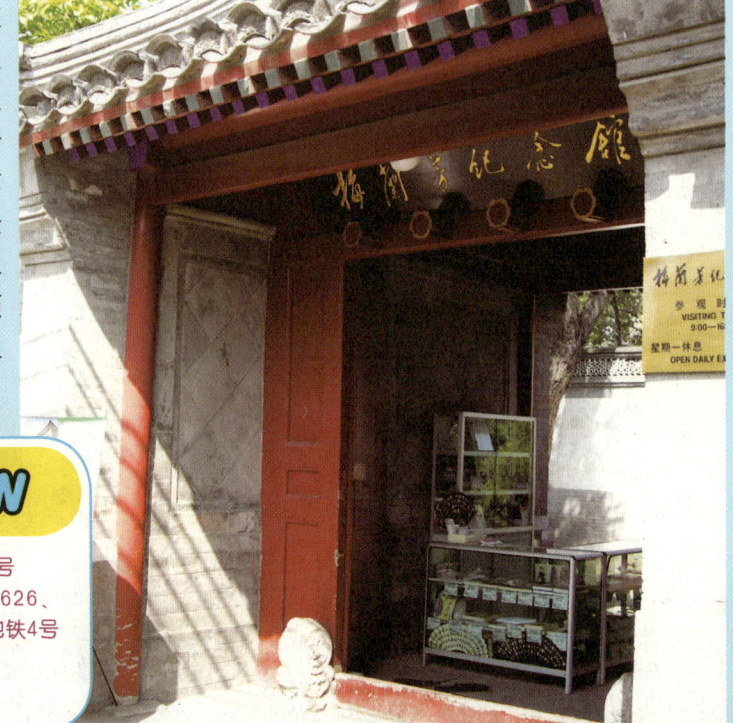

攻略 HOW

■ 地址　西城区护国寺街9号
■ 交通　乘22、38、47、626、810路在护国寺站下车；地铁4号线平安里站B口
■ 电话　010-83223598

175

2 老舍出生地 Birth Place of Lao She

从此走出来了文学大家 ■推荐星级 ★★★★

老舍先生出生地是小羊圈胡同8号，这条胡同现在叫做小杨家胡同，是一条普通得不能再普通的胡同。在这样的环境中度过童年时光，对老舍日后的创作产生了极其深远的影响，决定了他的平民作家之路。

攻略HOW

- 地址 西城区小杨家胡同8号
- 交通 乘22、38、47、626、810路在护国寺站下车；地铁4号线平安里站B口

3 蔡锷故居 Former Residence of Cai'E

充满传奇色彩的院落 ■推荐星级 ★★★★

蔡锷在民国二年到民国四年（1913~1915）居住在棉花胡同里，故居由前后两院组成，房屋由回廊相连，现基本保持旧貌。平凡小院因蔡锷变得丰富，他和小凤仙的风流韵事以及他和袁世凯之间的生死较量都为这个院子附上传奇的色彩。

攻略HOW

- 地址 西城区棉花胡同66号
- 交通 乘22、38、47、626、810路在护国寺站下车；地铁4号线平安里站B口

4 郭守敬纪念馆 Guo Shoujing Memorial

闹中取静的清幽之地 ■推荐星级 ★★★★

西海北沿的汇通祠在元代是国家级水利管理部门——督水监的所在地，郭守敬就在这里主持了全国的水利建设。这处幽静、整洁的古典小院是郭守敬纪念馆的所在地，以展示这位元代科学家的生平和科学成就。

攻略HOW

- 地址 西城区德胜门西大街甲60号
- 交通 乘27、83、409、690、826路在积水潭桥南站下车；地铁2号线积水潭站B口
- 电话 010-66183083

5 徐悲鸿纪念馆 Xu Beihong Memorial

著名的《骏马图》、《愚公移山》等名作在此陈列 ▎推荐星级 ★★★★

新街口

攻略HOW

▎地址 西城区新街口北大街53号
▎交通 乘22、47、726、409、826在新街口豁口站下车；地铁2号线积水潭站C口
▎电话 010-62276936

徐悲鸿纪念馆的馆藏品件件都是国家珍品。纪念馆开辟了7个展厅和1个序厅，展示了徐悲鸿大师遗作共计千余件，除此之外在这里还能看到这位艺术大师生前画室的复原和诸多珍贵遗物。

6 八道湾 Badaowan

周氏兄弟的故居 ▎推荐星级 ★★★★

攻略HOW

▎地址 西城区八道湾11号
▎交通 乘7、105、111、808路在新开胡同站下车；地铁4号线新街口站C口

八道湾胡同位于北京繁华的赵登禹路上，胡同因为周氏兄弟而出名，当时兄弟两家共同居住在八道湾11号院里。11号院旧时曾是大宅门格局，房屋宽敞而豁亮。宅内分正院、后院和西跨院三进。鲁迅与母亲住前院，周作人的"苦雨斋"在后院。

177

北京 好吃·好玩·真好买

18 新街口 Xinjiekou

EAT

好吃

I 西安饭庄 Xi'an Restaurant

羊肉泡馍最出名 ▌推荐星级 ★★★★★

西安饭庄开业于1954年,是北京第一家经营西北风味牛羊肉泡馍和清真风味菜肴的餐厅。这里的泡馍非常地道,人们在北京也能体会到"亲手掰馍"的乐趣,泡馍用的老汤从开业一直煮到现在,有五十多年的历史,味儿绝对够正。门口的羊肉串也很受欢迎,西安饭庄排队买羊肉串的人们也成为新街口一景。

● **特色菜肴:**
牛羊肉泡馍 羊肉串 烧羊肉

攻略 HOW

地址 西城区新街口南大街20号

交通 乘22、690、808、826路在新街口南站下车;地铁4号线新街口站B口

电话 010-66181476

178

2 护国寺小吃店
Huguosi Snack Shop
北京清真小吃第一店　推荐星级 ★★★★★

● 特色菜肴：
豌豆黄　糖卷果　炒疙瘩

攻略HOW
地址 西城区护国寺大街93号
交通 乘22、38、47、626、810路在护国寺站下车；地铁4号线平安里站B口
电话 010-66181705

护国寺清真小吃起源于庙会小吃，有300多年的历史。护国寺小吃实惠而地道，很多老北京只认这块招牌。这里小吃品种很丰富，羊双肠、扒糕、凉粉、爆肚、茶汤等应有尽有。好吃的东西太多了，以至每到饭点，店里的人多到没有位子坐。

3 新川面馆
Xinchuan Noodle Shop
好吃凉面百吃不厌　推荐星级 ★★★★

● 特色菜肴：
肉末担担面　麻辣凉面

攻略HOW
地址 西城区新街口南大街14号
交通 乘22、690、808、826路在新街口南站下车；地铁4号线平安里站B口
电话 010-83280452

新川面馆是一家老字号面馆，专门做面，冬天主打担担面，夏天主推麻酱凉面，虽然菜式单调了些，但食客络绎不绝。这里的担担面不辣，麻酱带一点甜味，非常好吃。麻辣凉面是用风扇吹凉的，加上特别调配的辣椒酱，又麻又辣又有一点芥末儿的味道，夏天吃保证开胃。

4 李记白水羊头
Li's Boiled Sheep's Head
京华十大名吃之一　推荐星级 ★★★★

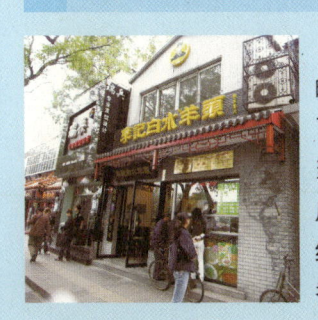

● 特色菜肴：
白水羊头　羊杂汤　羊肉汆面

攻略HOW
地址 西城区西四北大街58号
交通 乘13、22、409、690、823路在平安里路口南站下车；地铁4号线平安里站C口
电话 010-66176397

李记白水羊头从沿街叫卖的小摊发展到今天，已经经历了4代传人。制作白水羊头相当讲究，需要十几道复杂的工序。好的白水羊头讲究片薄如纸、色如白玉、肉片脆嫩、醇香不腻。无论是就着烧饼吃还是当下酒小菜，都很相宜。

新街口

北京 好吃·好玩·真好买

18 新街口 Xinjiekou

BUY 好买

1 新街口 Xinjiekou
繁华热闹的时尚商业街 ▍推荐星级 ★★★★

几十种经营项目，几百家特色小店，沿着新街口大街向南、向北遍布开去。无论你是爱美食、爱音乐、爱漂亮，在这里都能找到你想要的。

攻略HOW
- **地址** 西城区，南北走向，北起北太平桥，南到平安里的一片区域
- **交通** 乘22、690、808、826路在新街口南站下车；地铁4号线新街口站

2 新街口百货商场 Xinjiekou Department Store
妈妈们的最爱 ▍推荐星级 ★★★

新街口百货商场是那种典型的国有老商场，里面卖的东西不时髦但是很实用，是妈妈们经常来的地方。随着近几年国货热的兴起，不少年轻人也开始到这里淘宝，像友谊雪花膏、回力篮球鞋这样的老国货，销路都不错。

攻略HOW
- **地址** 西城区新街口南大街7号
- **交通** 乘22、690、808、826路在新街口南站下车；地铁4号线新街口站B口
- **电话** 010-66161374

180

3 新华百货
Xinhua Department Store
新街口最大的百货商场 ▍推荐星级 ★★★★

新华百货走的也是群众路线，以大众品牌为主。这里的打折活动比较频繁，经常能淘到价钱实惠的好东西。地下还设有物美大卖场，规模很大，商品种类相当齐全。

攻略HOW
■ **地址** 西城区新街口北大街1号（积水潭桥西南角）
■ **交通** 乘27、83、409、690、826路在积水潭桥南站下车；地铁2号线积水潭站C口
■ **电话** 010-82224819

新街口

4 中国电影资料馆
China Film Archive
难得一见的好片 ▍推荐星级 ★★★★

中国电影资料馆收藏有各个时期的中外影片30000余部，这里周四和周五的下午定期举办各种主题的学术放映活动，上演的都是市面上少见的上乘佳作。票价很便宜，通常是两部连放，让电影发烧友们过足瘾。

攻略HOW
■ **地址** 海淀区小西天文慧园路3号
■ **交通** 乘乘22、47、331、635、810、939路在小西天站下车；地铁2号线积水潭站A口
■ **电话** 010-82296114

首都博物馆 19
Capital Museum

PLAY 好玩 183

EAT 好吃 186

BUY 好买 187

19 首都博物馆
Capital Museum

PLAY

首都博物馆

好玩

首都博物馆 Capital Museum

在这里，认识北京　推荐星级 ★★★★★

攻略HOW

地址 西城区复兴门外大街16号
交通 乘1、4、52、728路在工会大楼站下车，或乘6、114、308、650、708、717路在白云路站下车；地铁1号线木樨地站C口
电话 010-63393339
门票 特别展览需购票

首都博物馆新馆是一座现代化的综合性博物馆。展览陈列以首都博物馆历年收藏和北京地区的出土文物为主，这些丰富的展品立体而生动地将北京的历史、文化和风土人情向观众娓娓道来。首都博物馆是北京最大的一家免费博物馆，参观前需要在它们的官方网站上（http：//www.capitalmuseum.org.cn）预约门票。首都博物馆还经常举办各种主题的特别展览，能看到许多难得一见的珍贵展品。

183

❷ 白云观 Baiyunguan

北京最大的道教庙宇 ▍推荐星级 ★★★★★

攻略HOW

- **地址** 北京市西城区白云观街9号
- **交通** 乘26、45、319、717、特5、特6路在白云观站下车；地铁1号线木樨地站C口
- **电话** 010-63463531
- **门票** 10元

　　白云观是北京香火最旺的道教庙宇，前来烧香祈福的人络绎不绝。白云观建于唐代，距今已有1200多年，规模宏大、布局紧凑。沿着白云观的中轴线，主要建筑有山门、窝风桥、灵官殿、三官殿、财神殿、玉皇殿、药王殿和三清四御殿等。山门里有一小小的汉白玉石猴浮雕，玲珑可爱，相传摸一摸会交好运，由于摸的人太多，这只小猴的表面几乎被摸得十分平滑了。另外，向窝风桥下悬着的钱眼里扔铜钱也是一项很受欢迎的民俗活动。

❸ 军事博物馆 Military Museum

中国唯一的大型综合性军事历史博物馆 ▍推荐星级 ★★★★★

攻略HOW

- **地址** 海淀区复兴路9号
- **交通** 乘1、68、320、337、728、802路在军事博物馆站下车；地铁1号线军事博物馆站A口
- **电话** 010-66817166

　　军事博物馆筹建于1958年，是一座金碧辉煌、气势巍峨的高大建筑。它也是向新中国成立10周年献礼的首都十大建筑之一。　军事博物馆的陈列展览分为基本陈列和临时展览。基本陈列馆有土地革命战争馆、抗日战争馆、全国解放战争馆、抗美援朝战争馆、古代战争馆、近代战争馆、兵器馆等。

4 中华世纪坛
China Millennium Monument

千年交替的永恒纪念 ▎推荐星级 ★★★★

攻略HOW

- **地址** 海淀区复兴路甲9号
- **交通** 乘1、68、320、337、728、802路在军事博物馆站下，或乘32、65、414、617路在玉渊潭南门站下；地铁1号线军事博物馆站A口

中华世纪坛是为迎接新世纪而兴建的纪念建筑，是北京的新地标之一。世纪坛内的世界艺术馆是一家规模很大的艺术馆，由世界艺术基本陈列厅、专题陈列厅和数字艺术馆三部分组成，这里经常举办高规格的艺术展览，毕加索、达利、莫奈等顶级艺术大师的作品都曾在此展出过。

5 玉渊潭公园
Yuyuantan Park

四月樱花烂漫 ▎推荐星级 ★★★★

攻略HOW

- **地址** 海淀区西三环中路10号
- **交通** 乘40、64、323、631、836、977路在八一湖站下，或乘32、65、414、617路在玉渊潭南门站下；地铁1号线军事博物馆站A口
- **电话** 010-88653800

玉渊潭公园景色宜人，早在金代，这里就是金中都城西北郊的游览胜地。玉渊潭公园里的樱花园很有名，初春时节，园中2000余株樱花树在春风中绯云绛雪，公园内游人如织，这里是京城早春特有的景致。

6 中央电视塔
Central TV Tower

饱览北京壮丽风貌 ▎推荐星级 ★★★★

攻略HOW

- **地址** 海淀区西三环中路11号
- **交通** 乘40、64、323、624、836、944在航天桥南站下车；地铁1号线公主坟站A口
- **电话** 010-68475807

中央电视塔高386.5米，加避雷针总高405米，是北京最醒目的建筑之一。电视台的露天瞭望平台位于238米高的位置，高度相当于普通建筑楼房的79层，在瞭望平台上设有高倍望远镜，可以俯瞰首都无限风光。电视塔的18楼为旋转餐厅，高221米，是名副其实的"京城最高食府"。

首都博物馆

19 首都博物馆 Capital Museum

EAT

好吃

北京 好吃・好玩・真好买

---

1 贾三灌汤包子馆 Jia San Restaurant

地道西安灌汤包子 ■ 推荐星级 ★★★★

西安的灌汤包，属贾三最出名，这家西安最牛气的灌汤包子馆十几年前就来到了北京，很受欢迎。这里的灌汤包一点也不比西安的差，用筷子把包子小心地提起来，汤汁就在包子里面晃，破开一个小口，鲜香的汤汁可以倒出大半勺来。冬天的时候，来这里吃上一碗热乎乎的羊肉泡馍，别提多享受了。

● **特色菜肴：**
羊肉汤包　八宝稀饭　羊肉泡馍

攻略HOW

地址 西城区白云观路北里1号楼
交通 乘19、42、46、697、823、939路在天宁寺桥北站下车；地铁1号线南礼士路站D口
电话 010-63311455

---

2 烤肉宛 Kaorouwan

京城烤肉"南宛北季"之南宛 ■ 推荐星级 ★★★★★

在北京，南宛北季，尽人皆知。烤肉季的烤羊肉、烤肉宛的烤牛肉，各有各的立身之道。烤肉宛的烤肉只取牛的上脑、里脊、米隆等最嫩的部位，以独特的刀工技法把肉拉切成柳叶形肉片，在烧热的炙子上先放上葱丝，再把腌渍过的肉片放在葱丝上来回翻烤，烤出来的牛肉滑爽可口，别有一番香醇鲜美的味道。

● **特色菜肴：**
烤牛肉　宫保虾球　芫爆散丹

攻略HOW

地址 西城区南礼士路58号
交通 乘15、19、42、56、697、823路在礼士路南口站下车；地铁1号线南礼士路站B口
电话 010-68028180

19 首都博物馆 Capital Museum

BUY 好买

首都博物馆

1 复兴商业城 Fu Xing Commercial City Department Store

适合妈妈们的淘衣地点　推荐星级 ★★★★

复兴商业城是一个长长的地下商场，就在地铁旁边，交通非常便利。来这里买衣服的大多是上了年纪的叔叔阿姨，衣服品牌比较大众，价格也比较实惠，换季的时候打折的力度很大。

攻略HOW

地址 西城区复兴门外大街4号
交通 乘1、15、37、52、337、728、802路在南礼士路站下车；地铁1号线南礼士路站D1口

2 长安商场 Chang'an Market

北京老牌商场　推荐星级 ★★★★

长安商场开业已有20多个春秋，口碑一直不错。这里购物环境好，商品种类齐全，服装、化妆品、鞋帽等种类非常多。地下超市虽算不上大，但很有特色，不少南北方的土特产在这里都能买到。

攻略HOW

地址 西城区复兴门外大街15号
交通 乘1、52、728路在工会大楼站下车；地铁1号线木樨地站B2口
电话 010-68028851

宣武门 20
Xuanwumen

PLAY 好玩 189

EAT 好吃 191

BUY 好买 192

20 宣武门 Xuanwumen

PLAY 宣武门

好玩

1 南堂 South Cathedral

北京城内建造的第一座教堂 ■ 推荐星级 ★★★★

南堂始建于明万历二十九年（1601），是中国最古老的天主教教堂，最初由著名的意大利传教士利玛窦所建，1650年德国传教士汤若望将其扩修改建为大教堂。现存的建筑建于1904年，是一座3层的巴洛克建筑。3个宏伟的砖雕拱门并列，将整个建筑立面装点得豪华而庄严，精美的砖雕随处可见。教堂两侧配以五彩的玫瑰花窗，整体气氛庄严肃穆。南堂也是北京四大教堂之一。

攻略HOW

- **地址** 西城区前门西大街141号
- **交通** 乘15、44、67、808、特4路在宣武门站下车；地铁2号线、地铁4号线宣武门站B2口、F口
- **电话** 010-66026538

2 沈家本故居 Former Site of Shen Jiaben

清末法学大家 ■ 推荐星级 ★★★★

沈家本是清朝光绪年间进士，历任刑部左侍郎、大理寺正卿、法部右侍郎、资政院副总裁等职，是清末修订法律的主持人和代表者。他的故居位于金井胡同内，院内一个2层中西合璧式的小楼是沈家本的藏书楼——枕碧楼，楼中曾藏书5万余卷。他的许多著作，也都在此楼完成。院内建筑保存基本完好，现在这里是一处民居。

攻略HOW

- **地址** 西城区金井胡同1号
- **交通** 乘54、80、102、109、603路在宣武门外站下车；地铁2号线、地铁4号线宣武门站H口

189

3 龚自珍故居 Former Site of Gong Zizhen

晚清思想家、著名诗人龚自珍在北京的住处 ■ 推荐星级 ★★★★

攻略HOW

地址 西城区上斜街50号
交通 乘54、80、102、109、603路在宣武门外站下车；地铁2号线、地铁4号线宣武门站H口

晚清著名的诗人龚自珍在上斜街居住了5年，他搬走后，院子被改成番禺会馆。现如今，宅院的大门以及后花园、戏台、假山、亭子都已不复存在，仅剩下西厢房和两幢北房，现在这里是一处普通的大杂院。

4 达智桥胡同 Dazhiqiao Hutong

湮没在繁华都市中的历史遗存 ■ 推荐星级 ★★★★

攻略HOW

地址 西城区，东西走向，东起宣武门外大街，西至金井胡同
交通 乘54、80、102、109、603路在宣武门外站下车；地铁2号线、地铁4号线宣武门站H口

热闹时尚的SOGO对面，有一条名为达智桥的胡同，它的古朴、平淡跟繁华喧嚣的宣外大街形成鲜明的反差。殊不知，这一带是晚清时期京城内思想较为活跃的地方，著名的"公车上书"就发生在这里。达智桥胡同的12号是著名的松筠庵，明朝大忠臣杨继盛就住在这里。他因为嘉靖年内弹劾奸臣严嵩被捕下狱，后为严嵩所害，铮铮铁骨，是后代御史的楷模。他的祠堂也是京师闻名，所以光绪年间康、梁在此聚会，公车上书正是从这里出发的。

5 天宁寺 Tianning Temple

饱经沧桑的千年古刹 ■ 推荐星级 ★★★★★

攻略HOW

地址 西城区天宁寺前街
交通 乘19、46、456、697、717路在广安门北站下车；地铁2号线长椿街站转乘662路在天宁寺桥北站下车

天宁寺是北京创建年代最早的庙宇之一，寺院始建于北魏时期，初名林光寺，历经隋、唐、辽、金四代。寺中的天宁寺塔，建于辽代，是一座砖砌实心八角13层密檐式塔，总高57.8米，为北京最高的密檐式砖塔。砖塔雕塑造型优美、手法细腻，被梁思成赞为"富有音乐的韵律"，是宣武门地区的标志性历史建筑。

20 宣武门 Xuanwumen

EAT 宣武门

好吃

1 马凯餐厅 Makai Restaurant

梅兰芳先生亲临剪彩的老湘菜馆　推荐星级 ★★★★★

特色菜肴：
东安子鸡　毛氏红烧肉　酸辣肚尖
萝卜干腊肉

攻略HOW

地址 西城区宣武门西大街117号
交通 乘9、54、337、673、特2路在长椿街路口东站下车；地铁2号线长椿街站B1口
电话 010-66064077

马凯餐厅是北京最早的一家湘菜馆，1953年由几位湖南老乡创办，在北京享有盛誉，齐白石、启功、梅兰芳、袁世海都是这里的常客。马凯餐厅师承传统，无论你什么时候来吃酸辣肚尖、酸辣鱿鱼片、麻辣子鸡这些经典的菜，还都是原来的味道。

20 宣武门 Xuanwumen

BUY 好买

北京 好吃·好玩·真好买

1 庄胜崇光百货SOGO
Zhuangsheng chongguang Department Store SOGO

京城时尚商业热地　推荐星级 ★★★★★

SOGO是一间规模超大的百货商场，集购物、饮食、休闲于一身，以青春时尚的风格吸引了大量的年轻消费人群。SOGO的购物环境舒适，服务周到体贴。老馆较为大众化，新馆则偏向高端消费群，品牌档次很高，价格不菲。

攻略HOW
- 地址　西城区宣武门外大街8号
- 交通　乘54、80、102、109、603路在宣武门外站下车；地铁2号线、地铁4号线宣武门站G口
- 电话　010－63103388－1026

2 国华商场
Guohua Department Store

京城铂金第一家　推荐星级 ★★★★

国华商场是一家老字号综合性的商场，以经营黄金、铂金、珠宝为特色。他们自20世纪80年代初开始经营黄金珠宝首饰，至今已有20多年的历史。国华商场的铂金饰品最为出名，因其品种多、款式新颖在京城享有盛誉。

攻略HOW
- 地址　西城区宣武门西大街18号
- 交通　乘9、54、337、673、特2路在长椿街路口东站下车；地铁2号线长椿街站C1口
- 电话　010－63022531

21 牛街
Niujie

PLAY 好玩 194

EAT 好吃 198

BUY 好买 201

北京 好吃·好玩·真好买

21 牛街 Niujie

PLAY 好玩

1 法源寺 Fayuan Temple

北京最古老的名刹 推荐星级 ★★★★★

攻略HOW

- **地址** 西城区法源寺前街7号
- **交通** 乘54、381、604、613、646路在南横街站下车；地铁4号线菜市口站D口
- **电话** 010-63534171
- **门票** 5元

法源寺初名"悯忠寺"，始建于唐朝，自其初创至今，已有1300多年历史。现在也是中国佛学院、中国佛教图书文物馆所在地。法源寺建筑规模宏大，布局严谨，主要建筑有山门、天王殿、大雄宝殿、净业堂、无量殿、藏经阁等，共七进六院，是北京城内历史最为悠久的古寺庙建筑群。法源寺的丁香非常出名，有"香雪海"之称，每到花开时节，芬芳馥郁。在寺院中看花，别有一种"禅房花木深"的肃穆情趣在其中。著名作家李敖以法源寺为背景写就的小说《法源寺》更令这座古刹声名远播。

194

2 牛街礼拜寺 Niujie Mosque

北京声名显赫的清真寺　推荐星级 ★★★★★

攻略HOW

地址 西城区牛街中路88号
交通 乘10、48、626、717路在牛街礼拜寺站下车；地铁4号线菜市口站D口
电话 010-63532564

牛街礼拜寺始建于公元966年，为辽代入仕的阿拉伯学者纳苏鲁丁所创。寺内主要建筑有礼拜殿、唤礼楼、望月楼和碑亭等，其格局采用中国宫殿式的木结构形式为主，细节带有浓厚的伊斯兰建筑的装饰风格。牛街礼拜寺是北京规模最大、历史最悠久的清真寺，在国际上也享有盛名。

3 西砖胡同 Xizhuan Hutong

北京最古老的胡同之一　推荐星级 ★★★★

攻略HOW

地址 西城区
交通 乘54、381、604、613、646路在南横街站下车；地铁4号线菜市口站D口

西砖胡同位于法源寺的东北角，是一条细细长长的老胡同。这条其貌不扬的胡同其实是北京胡同中的"元老"，这里以前是唐代幽州的东垣，胡同以北的广安门内大街也就是唐朝的檀州街。只是今天大部分古迹已不复存在，有"胡同情结"的人大可连同法源寺一并游览一番。

4 林则徐故居 Former Site of Lin Zexu

林则徐在京城做官时曾居住在这里　推荐星级 ★★★★

攻略HOW

地址 西城区南横东街贾家胡同31号
交通 乘54、381、604、613、646路在南横街站下车；地铁4号线菜市口站C口

林则徐担任湖广总督之前曾在翰林院里谋事，他中了进士，刚到北京赴任时就偕妻子住在菜市口一带的莆阳会馆里。现在这里是贾家胡同里一处普通的民居。

5 湖南会馆 Hunan Guild Hall

民国时期湖南籍革命志士活动的场所 ▍推荐星级 ★★★★

攻略HOW

地址 西城区烂漫胡同101号
交通 乘54、381、604、613、646路在南横街站下车；地铁4号线菜市口站D口

　　湖南会馆由清代重臣曾国藩在清光绪十三年（1887）创建。初为来京应试的湖南籍举子、京官及候选人的住处。会馆规模很大，院落主体保存完好，中部为四合院格局，西部原有文昌阁、辉照堂和戏楼等建筑，现已拆除。毛泽东1920年曾在这里居住过一段时间，并在此召开了湖南旅京各界驱逐军阀张敬尧大会。

6 绍兴会馆 Shaoxing Guild Hall

鲁迅在此写就《狂人日记》等旷世名篇 ▍推荐星级 ★★★★

攻略HOW

地址 西城区南半截胡同7号
交通 乘54、381、604、613、646路在南横街站下车；地铁4号线菜市口站D口

　　南半截胡同是一条幽静的胡同，胡同7号是绍兴会馆旧址，绍兴会馆又称山会邑馆，鲁迅1912年5月第一次来到北京时住在此处，直到1919年11月。鲁迅在绍兴会馆居住的那几年，正是中国社会剧烈动荡的时期，他的诸多名篇如《狂人日记》、《孔乙己》、《药》、《一件小事》等都是这段时期写成的。

7 谭嗣同故居 Former Site of Tan Sitong

湖南浏阳会馆　推荐星级 ★★★★

谭嗣同是戊戌变法殉难的六君子之一，他主张变法维新，并且写文章抨击清政府的卖国投降政策。1898年变法失败后被杀，年仅三十三岁。很长一段时间他都住在北半截胡同的湖南浏阳会馆里。浏阳会馆的五间正房还保存完好，北面两间是谭嗣同当年居住的地方。

攻略HOW

地址　西城区北半截胡同41号
交通　乘54、381、604、613、646路在南横街站下车；地铁4号线菜市口站C口

8 康有为故居 Former Site of Kang Youwei

改良派领袖在京的居所　推荐星级 ★★★★

南城的米市胡同里有一个南海会馆，该会馆始建于清道光四年（1824），是一个由13个小院组成的会馆大院。从1882年来京应试至1898年戊戌变法失败，康有为都居住在北跨院的西房里。因当年院里有七棵古槐，所以又叫七树堂。见证了康有为七谏光绪、公车上书的南海会馆现在只是一处普通的大杂院。

攻略HOW

地址　西城区米市胡同43号
交通　乘54、381、604、613、646路在南横街站下车；地铁4号线菜市口站C口

9 中山会馆 Zhongshan Guild Hall

具有岭南特色的著名会馆　推荐星级 ★★★★

中山会馆所在地相传为明代权臣严嵩的花园别墅，清朝大臣唐绍仪在此创办了香山会馆，也就是后来的中山会馆。这里很早就是有志青年进行革命活动的场所，在革命斗争时期，中山会馆也曾是共产党的一个地下联络站。整座会馆院落布局严谨，建筑精美，是京城诸多会馆中规模较大的一座。

攻略HOW

地址　西城区珠朝街5号
交通　乘54、381、604、613、646路在自新路口北站下车；地铁4号线陶然亭站B口

牛街

197

21 牛街 Niujie

EAT 好吃

北京 好吃·好玩·真好买

---

1 奶酪魏（牛街总店）
Nailao Wei

人见人爱的宫廷奶酪　推荐星级 ★★★★

清光绪初年，奶酪魏创始人魏鸿臣从御厨那里学到了这门手艺，他们家的绝活就是制作合碗酪，做出来的奶酪把碗倒过来都不会洒。如今奶酪魏已经传到了第四代，以白嫩爽滑，冰凉解暑的奶酪名冠京城。

特色菜肴： 奶酪 杏仁豆腐 果子酪

攻略HOW
- **地址** 西城区广安门内大街202号107室（牛街北口）
- **交通** 乘10、48、626、717路在牛街站下车；地铁4号线菜市口站D口
- **电话** 010-63522402

---

2 宝记豆汁店
Baoji Douzhi Shop

正宗老北京豆汁　推荐星级 ★★★★

宝记豆汁店就在牛街清真寺对面，非常好找。地道的老北京看见豆汁就如同见了琼浆玉液。如果你实在不能接受豆汁，也可以来豆汁店瞧瞧，这里甜津津的炒草莓和又酥又香的炸松肉绝对让你不虚此行。

特色菜肴： 豆汁 炒草莓 炒红果

攻略HOW
- **地址** 西城区牛街输入胡同27号
- **交通** 乘10、48、626、717路在牛街礼拜寺站下车；地铁4号线菜市口站D口

198

牛街

3 聚宝源 Jubaoyuan
本地人爱去的火锅店 ■推荐星级 ★★★★

聚宝源原本是做牛羊肉生意的，因为生意太好，干脆自己开起了火锅店，精挑细选自家新鲜上好的牛羊肉专供店里用。这里的手切羊肉鲜嫩十足，久涮不老，秘制的调料更是让食客们欲罢不能。店门口开了两个外卖窗口，一个卖熟食，另一个卖生牛羊肉，每到傍晚，两边的队伍都排得老长。

特色菜肴： 鲜羊肉 手切羊肉 牛百叶

攻略HOW
- **地址** 西城区牛街西里商业1号楼5-2号
- **交通** 乘10、48、626、717路在牛街站下车；地铁4号线菜市口站D口
- **电话** 010-83545602

---

4 洪记小吃店 Hongji Snack Shop
"炸牛肉粒"香飘京城 ■推荐星级 ★★★★

牛街是北京穆斯林聚居的地方，这里的小吃在北京可以说是数一数二的，洪记小吃店就是其中的代表。洪记最著名的小吃非炸牛肉粒莫属，牛肉粒肉质紧凑而嫩，孜然香味浓郁，跟烙饼一起卷着吃最美味。另外这里的经典小吃如豌豆黄、驴打滚、艾窝窝等也都好吃得无可挑剔。

特色菜肴： 牛肉粒 豌豆黄 糖火烧

攻略HOW
- **地址** 西城区牛街12号（牛街清真超市对面）
- **交通** 乘10、48、626、717路在牛街站下车；地铁4号线菜市口站D口
- **电话** 010-63550735

---

5 牛街清真超市美食城 Niujie Muslim Super Market Restaurant
牛街清真美食大联盟 ■推荐星级 ★★★★

牛街清真美食城是吃清真美食的首选，这里不仅汇集了多家牛街老字号清真食品摊，还有很多来自中国其他地域的清真美食，囊括了牛街地区和北方大部分穆斯林喜爱的清真食品，比如说北京著名的年糕钱、京东肉饼、西安风味的羊肉泡馍、西安酥饼，还有西北风味的莜面和一些清真的家常菜，可以说是应有尽有。这里的环境虽然一般，但用料实在，价格公道，受到老百姓的喜爱。

特色菜肴： 门丁肉饼 羊杂汤 牛肉包子 杂碎汤

攻略HOW
- **地址** 西城区牛街北口西侧1号清真超市2楼
- **交通** 乘10、48、626、717路在牛街站下车；地铁4号线菜市口站D口
- **电话** 010-83557354

6 爆肚满 Baoduman

全北京最好吃的烧饼夹肉 ▎推荐星级 ★★★★

爆肚满经营爆肚已经有100多年历史，他们家的爆肚又脆又嫩、弹牙可口。但更值得称道的是他们的烧饼夹肉，将过了油的烧牛肉和烧羊肉用刀剁碎，扎扎实实地塞进现烤的火烧里，大大地咬上一口，就一个字——香。

● **特色菜肴：**
爆肚 烧饼夹肉

攻略 HOW

地址 西城区南横西街98-1号（近牛街）
交通 乘10、48、626、717路在牛街南口站下车；地铁4号线菜市口站D口
电话 010-83543133

---

7 吐鲁番餐厅 Turpan Restaurant

在此感受正宗的新疆美食 ▎推荐星级 ★★★★

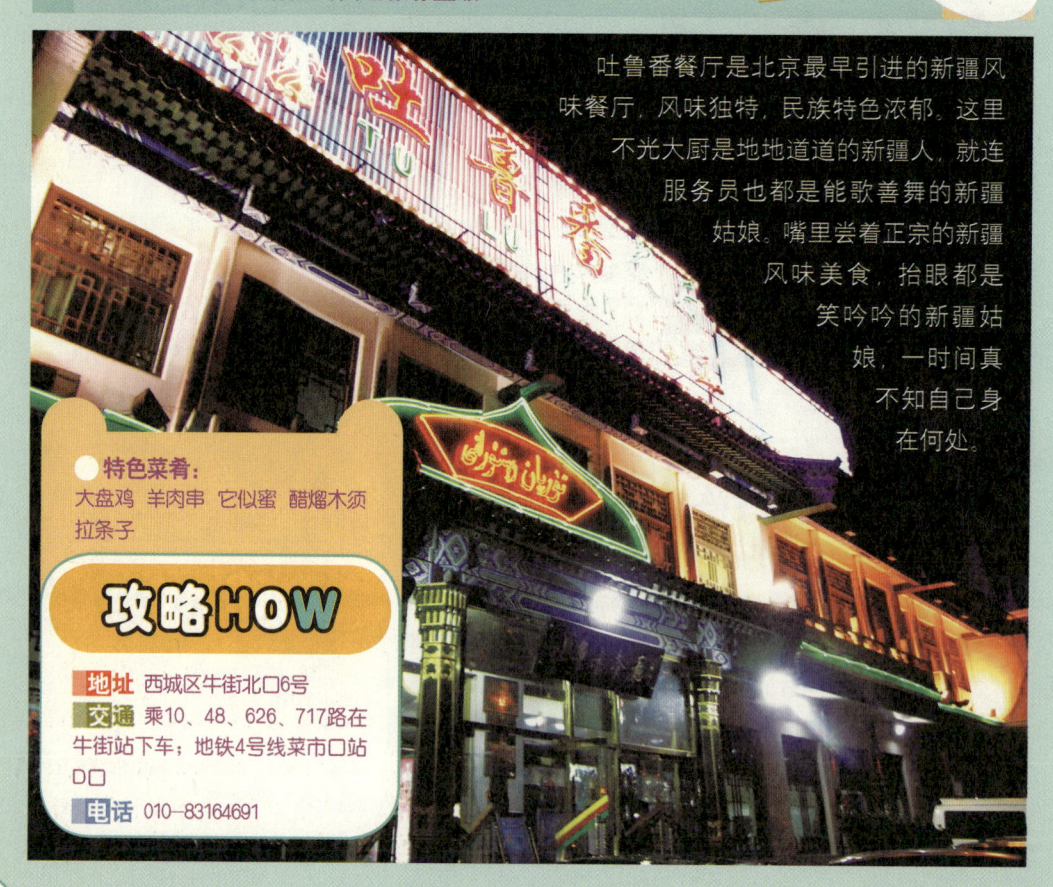

吐鲁番餐厅是北京最早引进的新疆风味餐厅，风味独特，民族特色浓郁。这里不光大厨是地地道道的新疆人，就连服务员也都是能歌善舞的新疆姑娘。嘴里尝着正宗的新疆风味美食，抬眼都是笑吟吟的新疆姑娘，一时间真不知自己身在何处。

● **特色菜肴：**
大盘鸡 羊肉串 它似蜜 醋熘木须 拉条子

攻略 HOW

地址 西城区牛街北口6号
交通 乘10、48、626、717路在牛街站下车；地铁4号线菜市口站D口
电话 010-83164691

21 牛街 Niujie

BUY 牛街

好买

1 菜市口百货商场 Caishikou Department Store

主营黄金珠宝首饰的大商场 ▌推荐星级 ★★★★★

菜市口百货商场就是人们口中常说的"菜百",它以黄金、铂金、钻石、珠宝饰品特色经营为主,有着"京城黄金第一家"的美名。在这里可以直接购买黄金、铂金原料,按克计价,价格比较实惠,而且原料的纯度有保证。

攻略 HOW

地址 西城区广安门内大街306号
交通 乘5、19、38、109、381、717路在广安门内站下车;地铁2号线长椿街站D口
电话 010-83520088

② 报国寺旧货市场 Baoguosi Flea Market

淘换老物件的好地方　推荐星级 ★★★★

报国寺始建于辽代，但规模很小。明末清初时，这里一度是京城最著名的书市，比琉璃厂书市还早许多年。如今的报国寺是以经营书籍、邮票、钱币为主的旧货市场，不少年轻人专门到这里淘换小时候玩的铁皮玩具，重温儿时的感觉。

攻略HOW

地址　西城区报国寺1号
交通　乘5、38、57、109、687、717路在牛街路口西站下车；地铁2号线长椿街站D口
电话　010-63173169

③ 牛街清真超市 Niujie Muslim Supermarket

国内规模最大的清真食品、用品专营店　推荐星级 ★★★★

牛街清真超市位于牛街北口，与著名的牛街礼拜寺遥相对应，是一家集清真主副食品、家居用品于一身的综合超市。这里既有月盛斋、清华斋、溢鑫府、聚宝源等老字号，也有年糕钱等民间作坊，还有来自全国各地的清真食品、用品。具有浓郁的清真特色。楼上的清真超市美食城是一个大快朵颐的好去处。

攻略HOW

地址　西城区牛街5号
交通　乘10、48、626、717路在牛街站下车；地铁4号线菜市口站D口

22 崇文门
Chongwenmen

PLAY 好玩 204

EAT 好吃 206

BUY 好买 209

22 崇文门 Chongwenmen

PLAY 好玩

北京 好吃·好玩·真好买

① 东交民巷 Dongjiaominxiang

北京最具异国风情的街巷　推荐星级 ★★★★★

东交民巷原是明清两代"五府六部"所在地，鸦片战争后，这里正式成为使馆区。英、美、法等11国在巷内成立大使馆等联合行政机构，胡同里那些风格各异的西洋建筑都是这段时期留下来的。包括"美国花旗银行"（东交民巷39号）、"法国东方汇理银行"（东交民巷34号）、"日本正金银行"（正义路4号）及教堂、医院等。这条洋房林立的巷子被保留了下来，成为北京最适合散步的地方之一。

攻略HOW

交通 乘9、44、723、729、特2路在台基厂站下车；地铁2号线，地铁5号线在崇文门站A口

② 东交民巷天主教教堂（圣弥厄尔教堂）
St. Michael's Church

北京最袖珍的天主教教堂　推荐星级 ★★★★★

东交民巷天主教教堂又名圣弥厄尔教堂，为法国高司铎神甫于1901年创建，是北京修建的最后一个天主教教堂。教堂是典型的哥特式建筑，三个主尖塔和多个尖塔状装饰物上下呼应，相得益彰。最有特色的是它的彩色玻璃，可惜绝大部分已被损坏。这座教堂和北京其他四大教堂相比，规模虽然小，但在造型上别具特色、小巧玲珑，建筑风格非常讲究。

攻略HOW

地址 东城区东交民巷甲13号
交通 乘9、44、723、729、特2路在台基厂站下车；地铁2号线，地铁5号线在崇文门站A口
电话 010—65135170

204

3 北京警察博物馆
Beijing Police Museum
美国花旗银行旧址 ■推荐星级 ★★★★

北京警察博物馆的馆体建于20世纪初，是美国花旗银行所在地，是一座具有折中主义风格的大楼。整个楼体为西洋古典式，做工十分精细，比例相当严谨，外观坚固而厚重，古朴大方。警察博物馆将展示和体验相结合，既展出了上千件与警察相关的中外藏品，又设置了仿真模拟射击、测谎仪演示等多种互动的项目，新鲜有趣。

攻略 HOW
- **地址** 东城区东交民巷36号
- **交通** 乘8、9、56、723、729路在正义路站下车；地铁2号线前门站A口
- **电话** 010-85225018

4 明城墙遗址公园 Ming Dynasty City Wall Relics Park
北京城内仅存的两处明城墙之一 ■推荐星级 ★★★★★

北京的古城墙始建于明永乐年间，距今已有近600年的历史，因为历史原因，北京的绝大部分城墙已经不复存在。现存的崇文门至城东南角楼一线的城墙遗址全长1.5公里，是原北京内城城垣的组成部分，极为珍贵。城墙角下被开辟成一个开放式的城市公园，古树掩映，绿草如茵，环境十分优美。

攻略 HOW
- **地址** 东城区崇文门东大街小巷
- **交通** 乘12、25、29、44、610路在东便门站下车；地铁2号线、地铁5号线崇文门站B口

5 东便门角楼 Dongbianmen Turret
中国规模最大的角楼 ■推荐星级 ★★★★★

角楼是城市传统的防御建筑，具有瞭望、护城的功能，明清时北京城墙的四个角上都设有角楼，现在仅剩下东便门一座。东便门角楼位于北京城的东南角，建于明代正德四年（1509），高大巍峨、深沉凝重，是古老北京城的象征之一。

攻略 HOW
- **地址** 东城区崇文门东大街9号
- **交通** 乘12、25、29、44、610路在东便门站下车；地铁2号线、地铁5号线崇文门站B口
- **电话** 010-65121554
- **门票** 10元

崇文门

北京 好吃・好玩・真好买

22 崇文门 Chongwenmen

EAT 好吃

1 便宜坊 Bianyifang

焖炉烤鸭独具特色　■推荐星级 ★★★★★

● 特色菜肴：
焖炉烤鸭　盐水鸭肝　芥末鸭掌　水晶鸭舌

北京烤鸭分两派，一派是以挂炉烤鸭闻名的全聚德，另一派就是以焖炉烤鸭为特色的便宜坊了。焖炉烤鸭的特点是"鸭子不见明火"，由炉内炭火和烧热的炉壁焖烤而成，因需用暗火，所以对火候的要求很高。烤好的鸭子呈枣红色，外皮油亮酥脆，肉质洁白、细嫩，口味鲜美。便宜坊创立于明朝永乐十四年（1416），至今已有近600年的历史，其焖炉烤鸭的技艺炉火纯青，无可挑剔。

攻略 HOW

哈德门店
地址　西城区崇文门外大街16号便宜坊大厦
交通　乘8、44、60、103、110、729路在崇文门西站下车；地铁2号线、地铁5号线崇文门站C口
电话　010-67112244

新世界店
地址　崇文区崇文门外大街5号新世界二期青春馆3楼
交通　乘25、43、116、525、610、814路在花市路口南站下车；地铁2号线、地铁5号线崇文门站D口
电话　010-67088680

206

2 静园川菜馆
Jingyuan Sichuan Restaurant

开在法国邮政局里面的平价川菜馆 ▌推荐星级 ★★★

● 特色菜肴：
水煮肉 樟茶鸭 鱼香茄子

静园川菜馆离法国使馆旧址和圣弥厄尔教堂不远，这片区域以前是法国租界。静园的规模很小，是一个简洁的西洋建筑。静园的菜品不算特别惊艳，中规中矩，但性价比较高，在法国风情的建筑里吃川菜倒是别有一番滋味。

攻略HOW
▌地址 东城区东交民巷19号
▌交通 乘9、44、723、729、特2路在台基厂站下车；地铁2号线前门站A口
▌电话 010-65244156

3 马克西姆餐厅 Maxim's de Paris

北京老牌法国餐厅 ▌推荐星级 ★★★★★

● 特色菜肴：
奶油蘑菇汤 勃艮第少司 蜗牛 波尔多酒鹅肝批

攻略HOW
▌地址 东城区崇文门西大街2号崇文饭店2楼
▌交通 乘8、41、44、60、103、729路在崇文门西站下车；地铁2号线、地铁5号线崇文门站D口
▌电话 010-65121992

1983年，著名的马克西姆餐厅从法国漂洋过海来到北京，成为北京第一家中外合作经营的西餐厅。从装潢到菜品，北京马克西姆餐厅都努力和巴黎的总部看齐。环境浪漫幽雅，所经营的法式大菜同样精美醇正。餐厅附属的蛋糕房出售各种漂亮美味的法式糕点，虽然贵了点，但物有所值。

崇文门

4 功德林 Gongdelin

著名的素食老字号　■推荐星级 ★★★★★

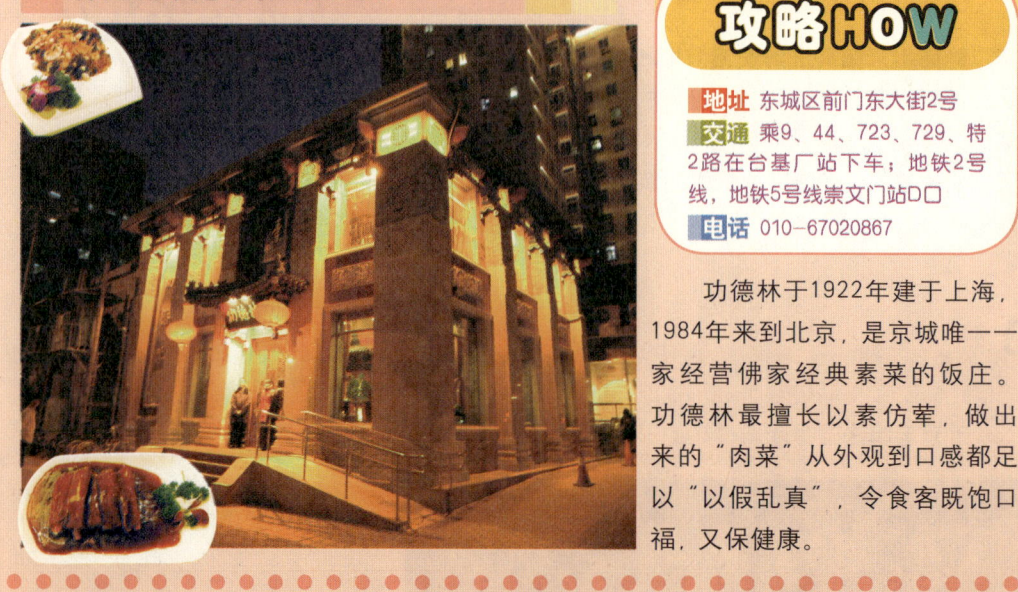

● 特色菜肴：
十八罗汉　金刚火方　糖醋排骨

攻略HOW

地址 东城区前门东大街2号
交通 乘9、44、723、729、特2路在台基厂站下车；地铁2号线、地铁5号线崇文门站D口
电话 010-67020867

功德林于1922年建于上海，1984年来到北京，是京城唯一一家经营佛家经典素菜的饭庄。功德林最擅长以素仿荤，做出来的"肉菜"从外观到口感都足以"以假乱真"，令食客既饱口福，又保健康。

5 新侨三宝乐面包房 Xinqiao Sanbaole Bakery

北京老牌面包店　■推荐星级 ★★★★★

● 特色菜肴：
奶油牛角　豆沙包　香肠面包

攻略HOW

地址 东城区东交民巷2号新侨饭店旁
交通 乘8、41、44、60、103、729路在崇文门西站下车；地铁2号线、地铁5号线崇文门站A口
电话 010-65133366-1679

新侨三宝乐面包房开了十几年，不少人是吃着这里的面包长大的。虽然价钱贵了点，但物有所值。这里的蛋糕用的是真正的黄油和奶油，味道非常好。传统的牛角面包和豆沙包是最受欢迎的。

22 崇文门 Chongwenmen

BUY 崇文门

好买

1 新世界百货 New World Department Store
超大型的综合百货商场　推荐星级 ★★★★★

攻略HOW

地址 东城区崇文门外大街3—5号
交通 乘25、43、116、525、610、814路在花市路口南站下车；地铁2号线、地铁5号线崇文门站D口
电话 010—67080055

　　新世界百货位于繁华的崇文门外大街，是一家集百货、服饰、超市、餐饮、娱乐、休闲于一身的大型综合购物中心。新世界向西200米处，就是专属于女性的新世界女子百货。这里所有的导购都是男生，还为带着宠物逛街的女性顾客提供宠物寄存服务，十分贴心。新世界百货东面的国瑞购物中心也是一家很大的综合性购物场所，可以一并逛逛。

② 搜秀城 Souxiu City

逛街休闲两不误 ▎推荐星级 ★★★★

攻略HOW
地址 东城区崇文门外大街40号
交通 乘25、43、116、525、610、814路在花市路口南站下车；地铁2号线，地铁5号线崇文门站C口
电话 010-51671241

搜秀城是年轻人的淘衣宝地，从地下1层到4楼都是卖各种服装服饰的小店，在这里可以淘到不少个性十足的商品。搜秀城里还有不少电玩、游戏专卖，既有的逛也有的玩，累了可以去京城著名川菜馆"麻辣诱惑"补充补充能量，或者到10楼的影城看场好电影。

③ 花市新华书店 Huashi Xinhua Bookstore

教辅类图书大全 ▎推荐星级 ★★★★

攻略HOW
地址 崇文区西花市大街134号
交通 乘25、43、116、525、610、814路在花市路口南站下车；地铁2号线，地铁5号线崇文门站C口
电话 010-67150866

花市新华书店不算很大，是个中档规模的书店，这里最大的特色是教材、教辅类的图书齐全，很多教辅书只有这里才买得到。每到新学期将至，这里都挤满了前来购书的家长和学生。

④ 大方百货 Dafang Store

北京著名的国货淘宝地 ▎推荐星级 ★★★

攻略HOW
地址 崇文区前门东大街4号
交通 乘9、44、723、729、特2路在台基厂站下车；地铁2号线、地铁5号线崇文门站D口
电话 010-65122577

位于台基厂的大方百货很不起眼，店面不足100平方米，柜台还是以前那种玻璃柜台，售货员还用着算盘记账，这里一直都保持着老国有商店的样子。从1979年开店起，大方百货一直经营化妆品、布匹、外贸服装和鞋帽等商品。现在，奥琪、雪花膏、蛤蜊油、鸡蛋粉等老牌国货化妆品还在柜台里摆着。如今，物美价廉、适合国人的老国货越来越受人欢迎，不光是上了年纪的人喜欢来大方百货买东西，越来越多的年轻人也成为这里的常客。

23 天坛
Temple of Heaven

PLAY 好玩 212

EAT 好吃 214

BUY 好买 216

23 天坛 Temple of Heaven

PLAY

好玩

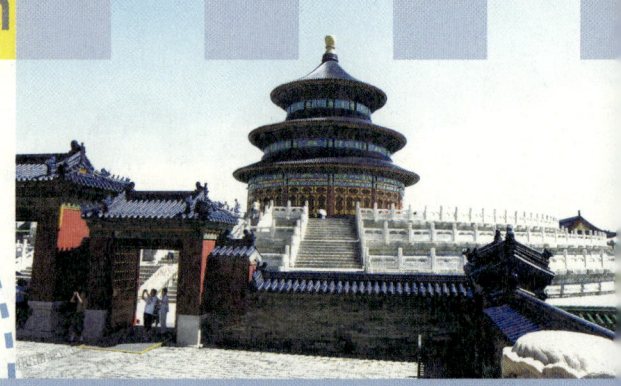

北京 好吃·好玩·真好买

❶ 北京自然博物馆 Beijing Museum of National History

新中国第一座大型自然历史博物馆 ▌推荐星级 ★★★★★

　　北京自然博物馆成立于1958年，馆藏标本20余万件，其中有相当数量为国家一、二类保护的动物植物标本，许多珍贵的标本在国际上都堪称孤品，包括世界闻名的古黄河象头骨化石、长26米的巨型马门溪龙化石、世界上最早鸟类之一的三塔中国鸟化石以及完整的整窝恐龙蛋化石等。自然博物馆实行免费不免票制度，需提前一天在其官方网站（http://www.bmnh.org.cn）上约定或电话约定。

攻略HOW

地址 东城区天桥南大街126号
交通 乘2、20、35、71、707、826路在天坛西门站下车；地铁5号线天坛东门站换乘公交车35、36、707路在天坛西门站下车
电话 010-67024431

② 天坛公园 Temple of Heaven

"天地日月"诸坛之首 ■推荐星级 ★★★★★

天坛是明清两代皇帝祭祀皇天的场所，始建于明永乐十八年（1420）。天坛占地达273万平方米，是中国也是世界上现存规模最大、形制最完备的古代祭天建筑群。天坛的建筑布局严谨，按照"外圆内方"的结构规划，有着"天圆地方"的深意。主要建筑包括祈年殿、圜丘、皇穹宇、斋宫、神乐署等。

祈年殿是天坛的主体建筑，一年一度的祭天仪式就在这里举行，整栋建筑金碧辉煌，宏伟壮观。祈年殿高33米，直径24.2米，全部采用木结构，28根大柱支撑着整个殿顶的重量，没有用一根横梁，所以又有"无梁殿"之称。殿顶中央的"九龙藻井"十分精致，是中国古代工匠智慧的结晶。

天坛以其建筑独特，结构精巧闻名世界，特别是人称"声学三奇"的回音壁、三音石和圜丘令人印象深刻。回音壁是皇穹宇四周的围墙，它的表面磨砖密砌，整齐平滑，是声波很好的反射面。一个人在回音壁内侧对着墙低声说话，由于声波经回音壁内表面多次反射，另一人站在回音壁内侧的任意位置，都能清楚地听到说话声。

在皇穹宇殿门外的轴线甬路上有一块三音石，只要站在这块石头上拍一下掌，就可以听到三下掌声。这也是因为声波遇到回音壁，又反射回来造成的。

圜丘坛处在天坛南部，站在圜丘坛中间的圆心石上轻唤一声，回声就会立即从四面八方传来，好似众人齐鸣，一呼百应。那是因为从圆心发出声波遇到外围的栏杆，又被反射回来，几股声波重合，声音得到了加强的结果。

攻略HOW

地址 东城区天坛内东里7号
交通 乘6、34、36、106、110、707路在天坛南门站下车；地铁5号线天坛东门站A口
电话 010-67012402
门票 旺季4月1日～10月31日，15元；淡季11月1日～次年3月31日，10元；学生半价；联票（祈年殿、圜丘、回音壁）20元

---

③ 龙潭公园 Longtan Park

休闲娱乐的好去处 ■推荐星级 ★★★★

龙潭公园地处于龙须沟的下游，以前是京城有名的荒芜之地，经过改造变身成环境幽雅的公园。公园里的龙潭湖夏天可以划船，冬天可以滑冰，是人们喜爱的休闲场所。龙潭公园每年春节都举办的大型庙会，既热闹又喜庆，是北京最隆重的庙会之一。

攻略HOW

地址 东城区龙潭路8号
交通 乘37、51、112、434、800、特3路在肿瘤医院站下车，或乘6、60、116、352、684、958路在北京游乐园站下车；地铁10号线劲松站换乘35、561、707路在龙潭湖站下车
电话 010-67144336
门票 2元

北京 好吃·好玩·真好买

23 天坛 Temple of Heaven

EAT

好吃

1 御膳饭店 Yushan Restaurant
并不昂贵的宫廷菜 ▎推荐星级 ★★★★

位于天坛北门的御膳饭店是一家山东宫廷风味饭店，这里虽然以"满汉全席"出名，但店里各种档次的菜肴都有，尽可以丰俭由人。不管是宫廷小点心还是大菜，这里的菜都很讲究，菜品的样式别致，味道可口，价格也比较实惠。来这里的旅行团不少，有时候不是太安静。

● 特色菜肴：
塞北羊腿 松仁炒鹿肉 琵琶大虾

攻略HOW

地址 崇文区天坛路87号
交通 乘6、36、106、110、687、707路在天坛北门站下车；地铁5号线磁器口站
电话 010-67014263

---

2 阿兰菜馆 A'lan Restaurant
著名的回民家常菜 ▎推荐星级 ★★★★

阿兰菜馆的家常菜在传统北京风味菜肴的基础上加进了清真饮食的特色，形成了独特的风味。店里烹制的牛羊肉均选自回民聚集的牛街，没有一点腥膻味，适合大众口味，经济实惠、好吃不贵。不少明星喜欢到这里吃饭，据说店里的羊棒骨就是姚明的最爱。

● 特色菜肴：
羊蝎子 羊棒骨 红烧牛尾

攻略HOW

地址 东城区天坛东里南区2号楼西
交通 乘25、36、525、610、814路在东侧路站下车；地铁5号线蒲黄榆站A口
电话 010-67026618

3　宏源南门涮肉 Hongyuan South Gate Hotpot

南城有名的涮肉馆 ▍推荐星级 ★★★★★

宏源南门涮肉就是北京人口中的"南门涮肉"，以地道的老北京风味涮羊肉闻名。这里的羊肉都出自内蒙古黑头白羊，肉没有腥膻异味，鲜嫩味美、入口即化、久涮不老。店家特制的各种虾滑、墨鱼滑、牛肉滑等，都是使用纯原料、纯手工制作，多汁爽口、嫩滑无比。此外，店里的羊蝎子火锅和清真特色炒菜也很受欢迎。

● **特色菜肴：**
鲜羊肉　炸烧饼　鲅鱼丸

攻略HOW

地址　东城区永内东街东里13号楼1-2

交通　乘36、120、525、610、800、814路在天坛南门站下车；地铁5号线天坛东门站，换乘525、610、814路在天坛南门站下车

电话　010-67017030

4　红莲烤鸭店
Honglian Roast Duck

南城第一炉 ▍推荐星级 ★★★★

红莲烤鸭的名声虽然没那么响亮，但鸭子是一点也不差。他们的焖炉烤鸭是用12种原料煨制后烤出来的，火候十分讲究，皮脆肉嫩、芳香可口。红莲烤鸭走的是平民化路线，价格要实惠很多，但是环境就没有"全聚德"、"便宜坊"那些大牌烤鸭店那么古色古香了，自家人去吃还是比较不错的。

● **特色菜肴：**
红莲烤鸭　晾干白肉　芥末鸭掌

攻略HOW

地址　西城区永安路26号

交通　乘7、20、36、106、707、826路在天桥站下车；地铁5号线天坛东门站，转乘6、687路在友谊医院东站下车

电话　010-83136109

天坛

215

23 天坛 Temple of Heaven

BUY 好买

1 红桥市场 Hongqiao Market

世界最大的珍珠零售市场　推荐星级 ★★★★

攻略 HOW

地址 东城区天坛东路46号
交通 乘6、34、36、116、525、814路在法华寺站下车；地铁5号线天坛东门站A2口
电话 010-67119130

　　在红桥市场，只有你想不到的，没有你买不到的。珠宝项链、古玩字画、民间旧货、手表、数码产品、照相器材、化妆品、玩具，可谓应有尽有。这里最出名的莫过于珍珠了。海水珍珠、淡水珍珠、南洋珍珠、黑珍珠、珊瑚饰品等一应俱全。而且珍珠饰品设计新颖、款式多样、做工精细、价格合理。

2 天乐玩具市场 Tianle Toy Market

北京最大的玩具城 ▍推荐星级 ★★★★

天乐玩具市场是北京最大的玩具市场，共有地上4层，里面的玩具、文具琳琅满目，而且价格也非常便宜，小朋友们一到这里就"走不动"了。

攻略HOW
- **地址** 东城区天坛东路
- **交通** 乘6、34、36、116、525、814路在法华寺站下车；地铁5号线天坛东门站A2口
- **电话** 010-67117499

3 天桥剧场 Tianqiao Theater

新中国成立后的第一家大型剧院 ▍推荐星级 ★★★★

攻略HOW
- **地址** 西城区北纬路30号
- **交通** 乘7、20、36、105、707、826路在天桥站下车；地铁5号线天坛东门站，换乘35、36、707路在天桥站下车
- **电话** 010-83156337

过去的天桥是北京平民的游艺场所和购物场所，是许多民间艺术的发祥地。1953年，新中国第一家大型剧院——天桥剧场就在这里诞生，众多民间艺人从此便有了自己的舞台。在之后50多年的岁月中，天桥剧场先后迎来了无数的世界顶尖艺术家登台演出，给广大观众带来了难忘的艺术体验，可以说这里已经是北京南城的艺术中心。

4 德云社剧场 Deyunshe Theater

让相声回归剧场 ▍推荐星级 ★★★★

"德云社"是北京最火暴的相声团体，由"非著名相声演员"郭德纲创办，他们组织的《北京相声大会》给观众带来无尽的欢乐，让人们重新燃起了对传统曲艺的热情。位于天桥的德云社剧场是由始建于1933年的天乐戏院改建而成，可同时接待300名观众。每周二至周日的19:15德云社都在这里驻场，每周六、周日还会加演下午场，演出从14:00开始。

攻略HOW
- **地址** 宣武区北纬路甲1号
- **交通** 乘7、20、36、105、707、826路在天桥站下车；地铁5号线天坛东门站，换乘35、36、707路在天桥站下车
- **电话** 010-63040912

天坛

工人体育场、三里屯
Workers Stadium & Village

24

PLAY 好玩 219

EAT 好吃 223

BUY 好买 225

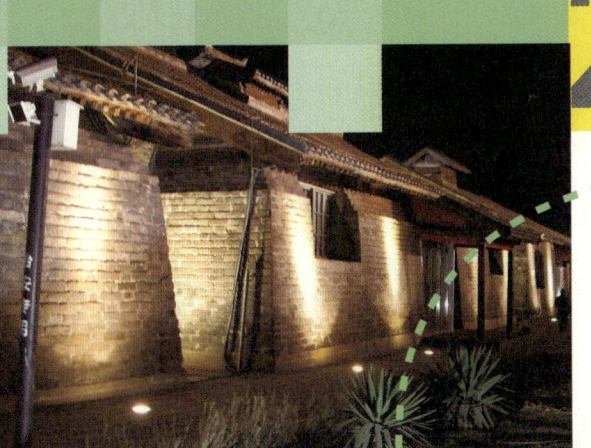

24 工人体育场、三里屯
Workers Stadium & Village

PLAY 好玩

工人体育场、三里屯

1 工人体育场 Workers Stadium

在北京无人不知的体育场　▎推荐星级 ★★★★★

工人体育场于1959年兴建，是新中国成立十周年大庆时北京著名的十大建筑之一，它也是北京最大的综合性体育场之一。工人体育场作为新中国体育事业发展的历史见证，曾经承办过许多国际国内的大型体育比赛。2008年的北京奥运会，工体是举行足球比赛的四个体育场之一，现在是北京国安的主场。

攻略HOW

地址 朝阳区三里屯工人体育场北路

交通 乘110、115、120、403、673、823路在工人体育场站下车；地铁2号线东四十条站C口

2 工人体育馆
Workers Indoor Arena

英日风格融合的园林 ▎推荐星级 ★★★★★

攻略HOW

- **地址** 朝阳区三里屯工人体育场北路
- **交通** 乘110、115、120、403、673、823路在工人体育场站下车；地铁2号线东四十条站C口，或地铁10号线团结湖站D口
- **电话** 010-65025505

工人体育馆是1961年2月为举办第26届世界乒乓球锦标赛而建造的，它也是最早出现在中华人民共和国邮票上的体育馆。多年来，工人体育馆举办了数千场文体活动，2008年北京奥运会的拳击比赛就在这里举行。现在这里是明星在北京举办演唱会的首选地。

3 富国海底世界 Blue Zoo

北京第一座五星级海洋水族馆 ▎推荐星级 ★★★★

攻略HOW

- **地址** 朝阳区三里屯工人体育场南门
- **交通** 乘43、110、118、120、403、813路在朝阳医院站下车；地铁2号线朝阳门站A口
- **电话** 010-65913397
- **门票** 90元

富国海底世界拥有全亚洲最长的海底隧道，饲养着来自世界各地600种2000尾海洋鱼类。还有亚马孙淡水鱼展缸、海马展缸、珊瑚礁展缸等20多个不同主题的展示池以及500多种软体动物展、贝壳展等展览，让人眼花缭乱、目不暇接。在这里还能穿上潜水装备，在专业潜水员的带领下，亲身体验海底世界的精彩。

4 南新仓 Nanxincang

皇家粮仓的华丽转身 ▎推荐星级 ★★★★

攻略HOW

- **地址** 东城区东四十条22号
- **交通** 乘113、115、118、823路在东四十条桥西站下车；地铁2号线东四十条站D口
- **电话** 010-64010849

南新仓俗称东门仓，曾是明清两代皇家粮仓，它的历史可上溯到元朝的漕运，至今已有近600年历史，是全国仅有、北京现存规模最大、保存最为完好的皇家仓廒。现在的南新仓已经被打造成文化休闲街区。艺术画廊、音乐传播中心等文化场所都驻扎在此，这里还有不少独具特色的餐厅、酒吧等休闲娱乐场所，新旧文化在此完美融合，让历史也变得活泼起来。

5 东岳庙 Dongyue Temple

著名的道教庙宇 ▍推荐星级 ★★★★★

攻略HOW

地址 朝阳区朝外大街141号
交通 乘75、101、110、420、750、855路在神庙街站下车；地铁2号线朝阳门站A口
电话 010-65510151
门票 10元

东岳庙始建于元代，由中路正院和东、西路跨院三部分组成。古建筑物300余间，元、明、清三代的建筑风格在其中都有所体现，是道教正一派在华北地区最大的庙宇。东岳庙素以"三多"著称于世，即神像多、楹联匾额多、碑刻多。庙内供奉东岳大帝众神体系、众多行业的祖师神等，香客如云。东岳庙现在也是北京民俗博物馆，常年举办民俗展览，每逢春节、端午、中秋、重阳等传统节日，这里都有丰富多彩的民俗游园活动。

6 全国农业展览馆 National Agriculture Exhibition Center

看展览的好去处 ▍推荐星级 ★★★★★

攻略HOW

地址 朝阳区东三环北路16号
交通 乘402、627、701、707、801、984路在农业展览馆站；地铁10号线农业展览馆站D口
电话 010-65096688

全国农业展览馆于1959年落成，是新中国成立十周年向国庆献礼的京城十大建筑之一。这里环境优美、规模宏大，是北京唯一具有中国传统风格的园林式大型展览馆，常年举办各种形式的展览和展销会。

工人体育场、三里屯

⑦ 保利剧院 Baoli Theater

京城文化市场的明珠 ▌推荐星级 ★★★★★

攻略HOW

- **地址** 东城区东直门南大街14号
- **交通** 乘113、115、701、758、823路在东四十条站下；地铁2号线东四十条站B口
- **电话** 010-65001188-5682

保利剧院位于北京市市中心，地理位置优越。这里常年上演大型歌剧、交响乐、芭蕾舞、音乐剧，以高品位的艺术环境、高雅的文化活动、高档次的服务得到了北京文化演出界很高的赞誉，深受艺术爱好者的喜爱，在演出界和观众中有口皆碑。

⑧ 三里屯酒吧街 Sanlitun Bar Street

京城酒吧文化的开山鼻祖 ▌推荐星级 ★★★★

攻略HOW

- **地址** 朝阳区三里屯北路东侧（工人体育场东）
- **交通** 乘113、115、406、431、701、758路在三里屯站下车；地铁10号线团结湖站A口

像香港的兰桂坊、上海的衡山路一样，在北京也有一条充满异国情调、越到夜晚越美丽的三里屯酒吧街。这里第一家酒吧成立于1983年，据粗略统计，在三里屯方圆一公里的范围内，云集了北京60%以上的酒吧。三里屯也是歌手的摇篮，不少当今著名的歌手都曾在三里屯驻唱。"男孩女孩"是三里屯最大的一间酒吧，也是京城最早提供现场歌舞表演的酒吧。

24 工人体育场、三里屯
Workers Stadium & Village

EAT

好吃

工人体育场、三里屯

---

1 郭家菜 Guojiacai

尝尝郭德纲家里的家常菜　推荐星级 ★★★

郭德纲说相声出了名，现如今又干起了副业——开饭馆。所谓郭家菜就是郭德纲自己平时在家爱吃爱做的菜，因为他是天津人，所以这里的菜品也以天津菜和鲁菜口味为主，在郭家菜的菜谱上看见的招牌菜，如郭家摔丸子、家熬塌目鱼、臭鱼烂虾、师娘打卤面等，据称大多是郭德纲自己下厨慢慢琢磨出来的。

特色菜肴： 郭家摔丸子　师娘打卤面

攻略HOW

- **地址** 朝阳区工体东路4号
- **交通** 乘110、115、120、403、673、823路在工人体育场站下车；地铁2号线东四十条站C口，或地铁10号线团结湖站D口
- **电话** 010-65928816

---

2 新辣道梭边鱼 Xinladao Restaurant

四川火锅新吃法　推荐星级 ★★★

四川火锅在北京永远不缺乏市场。新辣道主打四川自贡的盐帮菜梭边鱼火锅，推出"先吃鱼后涮锅"的新吃法，让众多食客流连忘返。梭边鱼是鲇鱼的一种，出自四川金沙江流域，肉质非常鲜嫩。在汤底里用文火煨炖20分钟后，香、辣、麻味尽入鱼中。梭边鱼只有一根独刺，简直有大口吃肉的快感。入口细腻柔滑，麻辣味自然强烈，令人回味无穷。

特色菜肴： 梭边鱼　酸菜牛肉丸　鸭肠

攻略HOW

- **地址** 朝阳区工体北路4号院
- **交通** 乘117、302、350、406、431、499路在团结湖站下车；地铁10号线团结湖站D口
- **电话** 010-65915858

223

北京 好吃·好玩·真好买

3 Let's Burger Let's Burger

北京最好吃的汉堡包 ■推荐星级 ★★★★

Let's Burger的宣传语是Probably the finest burger served in Beijing，言语间透着一股美国人的自信。他们的汉堡包有二十多种口味，绝大多数您一定闻所未闻。这里的汉堡包个头不小，肉饼也挺厚实，搭配着几种酱料吃，很是过瘾。Let's Burger所在的"那里花园"是一栋地中海风格的四层小楼，里面遍布着风格各异的小店和餐馆，每一间都浪漫有趣。

● 特色菜肴：
汉堡包 炸薯条

攻略HOW

地址 朝阳区三里屯北路81号那里花园D101a

交通 乘113、115、406、431、701、758路在三里屯站下车；地铁10号线团结湖站A口

电话 010-52086036

4 中8楼(三里屯店) Middle 8th Restaurant

前卫时尚的云南餐馆 ■推荐星级 ★★★★

● 特色菜肴：
汽锅鸡 松茸乳鸽 江川铜锅饭 甜菜烧松露菌

攻略HOW

地址 朝阳区东三里屯中8楼（3.3大厦对面）

交通 乘113、115、406、431、701、758路在三里屯站下车；地铁10号线团结湖站A口

电话 010-64130629

中8楼在北京很有名，曾多次被评为"北京最有特色的餐馆"，这里经营的是地道云南菜，主要的食材都是从云南空运来的，为的是保持菜肴的原汁原味。从菜品、环境到食器，处处充满了时下最流行的"混搭"风格，时尚感极强。在这里吃饭不仅让味觉得到满足，更是一种全身心的享受。

24 工人体育场、三里屯
Workers Stadium & Village

BUY 好买

工人体育场、三里屯

---

1 三里屯 Village

京城时尚潮地　推荐星级 ★★★★★

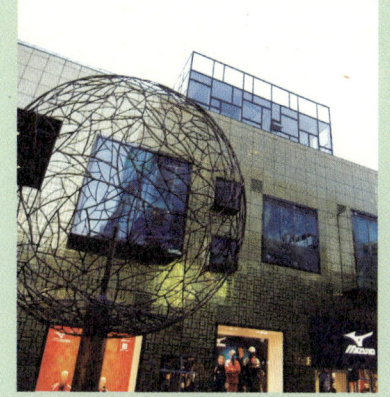

三里屯VILLAGE由日本前沿建筑设计师领衔设计，采用了大胆的动态用色和不规则的立体线条，开放的空间加上点缀其中的花园、庭院以及四通八达的胡同，营造出一种引人入胜的格局。这里是看电影、吃饭、购物、闲逛的最佳地点。Adidas、Apple、Uniqlo、The North Face、Esprit、Izzue等知名时尚潮牌都将旗舰店或是亚洲最大店铺落户于此，是京城潮人经常出没的地方。

攻略HOW

地址 朝阳区三里屯北路19号
交通 乘113、115、406、431、701、758路在三里屯站下车；地铁2号线东四十条站A口，或地铁10号线团结湖站A口
电话 010-64176110

225

2 3.3大厦 3.3 Shopping Center

外贸小店在此集结 ■ 推荐星级 ★★★★

3.3大厦1~3楼都是卖衣服的小店，以女装居多，在这里可以淘到不少外贸原单的衣服和饰品，款式都很新潮，不过价钱也不便宜。虽说3.3以小店为主，但档次并不低，购物环境非常舒心。

攻略HOW
- **地址** 朝阳区三里屯路33号
- **交通** 乘113、115、406、431、701、758路在三里屯站下车；地铁10号线团结湖站A口
- **电话** 010-64173333

3 雅秀服装市场 Ya Show Clothing Market

深受外国人喜爱的服装市场 ■ 推荐星级 ★★★★

雅秀和秀水类似，都是售卖外贸服饰的服装市场，外国人似乎对雅秀更青睐有加，这里中国元素的服装更加丰富，售货员都能娴熟地用几种外语叫卖。在雅秀买东西一定要大胆砍价，货比三家才行。

攻略HOW
- **地址** 朝阳区工体北路58号
- **交通** 乘113、115、406、431、701、758路在三里屯站下车；地铁10号线团结湖站A口
- **电话** 010-64168945

4 燕莎友谊商城 You Yi Shopping City

天价商品扬名的老牌高档商城 ■ 推荐星级 ★★★★★

攻略HOW
- **地址** 朝阳区亮马桥路52号
- **交通** 乘402、419、503、688、701、909在燕莎桥东站下车；地铁10号线亮马桥站C口
- **电话** 010-64651188

燕莎友谊商城地处北京东三环路边的亮马河畔，地处高档消费的旺地。在很多人眼中，"燕莎"就是奢侈品的代名词，以至于民间还流行一种说法："想了解富豪的生活，就去燕莎看看。"现在的燕莎不仅是北京高收入阶层休闲购物的首选，而且是来京游客观光购物的商业名店。

25 朝阳公园
Chaoyang Park

PLAY 好玩 228

EAT 好吃 230

BUY 好买 231

北京 好吃・好玩・真好买

25 朝阳公园 Chaoyang Park

PLAY

好玩

1 朝阳公园 Chaoyang Park

京城最大的城市公园 ▎推荐星级 ★★★★

北京朝阳公园是一处以园林绿化为主的综合性、多功能的大型文化休闲娱乐公园。始建于1984年，是北京四环内最大的城市公园。园区绿树成荫，小桥流水，环境优美，公园内既可划船骑车，也可体验过山车、激流勇进这样的刺激项目，也有儿童喜爱的旋转木马、童话火车等游乐设施，非常适合全家人出行。这里也是2008年北京奥运会沙滩排球比赛场所在地。

攻略 HOW

地址 北京市朝阳区朝阳公园南路1号
交通 乘31、117、499、682、731、976路在朝阳公园站下车；地铁10号线团结湖站B口
电话 010-65953608

② 798艺术区 798 Art Zone

北京最具艺术气息的地方 ▌推荐星级 ★★★★★

攻略HOW

地址 朝阳区酒仙桥路4号798艺术区

交通 乘401、418、445、688、909、988路在王爷坟站下车；地铁2号线、13号线东直门站，转乘909路在王爷坟站下车；或地铁13号线望京西站，转乘445路在王爷坟站下车

电话 010-59789798

朝阳公园

　　斑驳的红砖瓦墙，错落有致的工业厂房，纵横交错的管道，墙壁还保留着各个时代的标语。马路上穿着制服的工人与打扮时尚前卫的参观者相映成趣，历史与现实、工业与艺术在这里完美地契合在了一起。798的前身是前民主德国援助建设的"北京华北无线电联合器材厂"，现在这里已经成为一个集画廊、设计室、艺术展示空间、艺术家工作室、时尚店铺、餐饮酒吧等众多的文化艺术元素于一身的多元文化空间，成为"北京先锋艺术"的代名词。

229

25 朝阳公园 Chaoyang Park

北京 好吃·好玩·真好买

EAT

好吃

1 贵州箩箩酸汤鱼
Luoluo Hot Pot

美容养颜的贵州火锅　推荐星级 ★★★

箩箩酸汤鱼起源于"天无三日晴"的贵州高原，它是用贵州特产的野生西红柿和秘制发酵的米酸加入多种天然的特殊调料和中草药配制成自然酸汤效果后，将活鱼剖洗干净后下锅而成。这种吃法在当地已流传数百年，酸汤有美容养颜、开胃健脾、软化血管等功效，是极为滋补的美味。

● 特色菜肴：
箩箩酸汤鱼

攻略HOW

地址 朝阳区朝阳公园西门（8号公馆南）
交通 乘419、677、682、852、985路在朝阳公园西门站下车；地铁10号线农展馆站A口
电话 010—65940939

2 饭前饭后（蓝色港湾店）
Before and After Restaurant

台湾特色私家菜　推荐星级 ★★★

每个人对味觉最早的记忆，都是来自自家的厨房，饭前饭后邀请演艺界、文化圈的名人朋友与食客分享他们家的家传美食，用白菜、鸡蛋、排骨、猪脚、腊肉等最普通的食材组合出最独到的美味。

攻略HOW

地址 朝阳区朝阳公园路6号SOLANA蓝色港湾商业区1号楼
交通 乘402、413、503、677、701、852、985路在安家楼站下车；地铁10号线亮马桥站，转乘418、688、955路在安家楼站下车
电话 010—59056988

25 朝阳公园 Chaoyang Park

好买 BUY

朝阳公园

1 蓝色港湾 Solana

空降北京的欧洲梦幻小镇　推荐星级 ★★★★★

Lifestyle Shopping Center源自美国，并在20世纪八九十年代得到蓬勃发展。它提供给消费者的是新颖多样的购物休闲方式、优美的景观和开放式的消费环境。蓝色港湾引入风靡全球的Lifestyle Shopping Center的商业模式，9栋欧式小洋楼洋溢着各具特色的浓郁的异域风情，各个区域内有各种不同风格的品牌。有涵盖了1000余个知名品牌，600多家零售名店，30多家餐饮美食，20多家临水酒吧等丰富的选择，是北京最浪漫的休闲消费场所之一。

攻略 HOW

地址 朝阳区朝阳公园路6号
交通 乘402、413、503、677、701、852、985路在安家楼站下车；地铁10号线亮马桥站转乘418、688、955路在安家楼站下车
电话 010-59056565

2 北京图书批发市场 Beijing Book Market

北京最大的图书交易平台　推荐星级 ★★★★★

北京图书批发市场是一座建筑面积13000平方米的图书大厦，批发、零售兼而有之。场内有200多家经营单位、出版社，会聚了政治、经济、科学、历史、文艺、传记、教辅、儿童读物、外语、计算机等各类学科的书籍。这里的书一般八折"起步"，可以用最便宜的价格买到最称心如意的书。

攻略 HOW

地址 朝阳区甜水园北里16号
交通 乘31、117、419、635、729、985路在甜水园北里站下车；地铁10号线团结湖站，换乘635、984路在甜水园北里站下车
电话 010-65062680

231

国贸（国际贸易中心）26
China World Trade Center

EAT 好吃 233

BUY 好买 235

26 国贸（国际贸易中心）
China World Trade Center

EAT

好吃

国贸（国际贸易中心）

1 那家小馆 Najia Restaurant

尝尝满族的私家菜 ▎**推荐星级** ★★★★★

那姓，源自满族，那家小馆创始人系满族辉发那拉后裔，正黄旗，据说祖上是御医。那家小馆里处处散发着满族的贵气。这里的菜品也极其精致，店里的招牌菜皇坛子系列是以鱼唇、鸟筋、鹿筋、竹荪为主要原料，精选家养老母鸡经连夜12小时以上文火煨制而成，入口一尝，香滑浓厚。

● **特色菜肴：**
那家辣鲇鱼 皇坛子 秘制酥皮虾

攻略HOW

地址 东城区建国门外永安西里119中学西侧（赛特饭店向东500米）

交通 乘1、9、37、120、666、728、810路在永安里路口西站下车；地铁1号线永安里站C口

电话 010-65673663

233

2 鸭王烤鸭店
King Roast Duck
独具特色的新派烤鸭 ■ 推荐星级 ★★★★

鸭王烤鸭店是北京烤鸭的新军，他们在菜色上以鸭菜为主，配菜采用粤菜家常菜，更加清鲜细致。鸭王烤鸭烤出的鸭子外酥里嫩、皮下无油、入口即化，一般的烤鸭皮下的肥油都被烤成了酥酥的皮，吃起来也不那么腻了，更适合现代人日益精细的口味。

攻略HOW
● 特色菜肴：
烤鸭 芥末鸭掌 火燎鸭心

地址 朝阳区建外大街24号（赛特购物中心西侧）
交通 乘1、9、43、120、666、728、802路在日坛路站下车；地铁1号线、地铁2号线建国门站B口
电话 010-65156908

---

3 花家怡园
Hua's Restaurant
新派北京菜肴 ■ 推荐星级 ★★★★

花家怡园的环境非常优雅，细节中透着老北京四合院风情。这里主要经营创新的北京风味菜品。他们以北方菜为基础，兼收各地风味的菜式，创制出兼容南北菜系所长的"花家菜"。口味以咸为主，有辣不多、有油不腻、有汁不浓，有着"点到为止"的意境。

攻略HOW
● 特色菜肴：
霸王鸡 锡纸鲈鱼 八爷烤鸭

地址 朝阳区建国路甲92号世茂大厦3楼
交通 乘1、57、810、930、976路在郎家园站下车；地铁1号线大望路站C口
电话 010-85809010

---

4 茶马古道（现代城店）
Chamagudao
充满艺术气息的云南餐厅 ■ 推荐星级 ★★★★

茶马古道是著名画家方力钧经营的餐厅，从装修到家具到菜单都是由他的艺术家朋友操刀的，画家的画册和各种艺术品随处可见。美国的《时代周刊》曾把"茶马古道"评为亚洲最佳餐馆之一，这里涵盖了云南各民族地区的风味菜品和新派云南菜，而且主要原料都来自没有污染的世界屋脊，在这里吃饭，既饱口福，又饱眼福。

攻略HOW
● 特色菜肴：
汽锅鸡 过桥鲈鱼 菠萝饭

地址 朝阳区建国路88号SOHO现代城D座3楼
交通 乘1、57、312、666、728、810路在八王坟西站下车；地铁1号线大望路站C口
电话 010-85804286

26 国贸（国际贸易中心）
China World Trade Center

BUY

国贸（国际贸易中心）

好买

1 国际贸易中心 China World Trade Center

CBD的中心　■推荐星级 ★★★★★

攻略HOW

■**地址** 朝阳区建国门外大街1号
■**交通** 乘1、9、37、666、728、802、938路在大北窑西站下车；地铁1号线，地铁10号线A口
■**电话** 010-65052288

国际贸易中心通常被称为"国贸"，是目前中国规模最大的综合性高档商务服务企业之一。国贸中心主要由写字楼、国贸商城、中国大饭店、国贸公寓等组成，这组咖啡色的建筑矗立在长安街的北侧，是CBD的地标。新落成的国贸三期是一座高330米的摩天大楼，是北京目前最高的楼。

国贸商城是国贸中心的重要组成部分之一，是北京首家引进品牌专卖店从事零售业务的综合购物中心。国贸商城是北京著名的高档购物场所，这里引进了多家国际奢华品牌旗舰店和新品概念店，基本上像LV、DIOR这样的国际顶尖的大牌都能在这里找到。

235

北京 好吃·好玩·真好买

② 建外SOHO Jianwai SOHO

北京"最时尚的生活橱窗" ■推荐星级 ★★★★

攻略HOW

建外SOHO
■地址 朝阳区东三环中路39号
■交通 乘1、9、37、666、728、802、938路在大北窑西站下车；地铁1号线，地铁10号线国贸站C口

SOHO现代城
■地址 朝阳区建国路88号
■交通 乘1、57、312、666、728、810路在八王坟西站下车；地铁1号线大望路站C口

　　建外SOHO是一个著名的社区，这里聚集了众多极具风格的时尚店铺，而且很多商业文化活动选择在建外SOHO亮相，建外SOHO将居住、工作、休闲、消费融为一体，已然成为繁华热闹的都市生活中心。建外SOHO东侧的SOHO现代城也是SOHO中国的大手笔，各种小店、餐馆云集，值得一逛。

③ 银泰中心 Yintai Centre

CBD的重要建筑 ■推荐星级 ★★★★

攻略HOW

■地址 朝阳区建国门外大街2号
■交通 乘1、9、37、666、728、802、938路在大北窑西站下车；地铁1号线，地铁10号线国贸站C口

　　银泰中心由世界著名建筑师John C. Portman设计，中央主楼总高63层、249.9米，十分醒目，国贸三期建成之前，它是北京最高的摩天大楼。其中包括了五星级的柏悦酒店、超豪华柏悦公寓和顶级的酒店式公寓。银泰中心还荟萃了顶级奢华品牌旗舰店、高档中西餐饮和健身休闲等设施，是北京顶级的生活馆。

4 万达新世界百货
Wanda New World Department Store

大型综合性商场 ■ 推荐星级 ★★★★

攻略 HOW

地址 朝阳区建国路93号院万达广场A座
交通 乘1、57、810、930路在郎家园站下车；地铁1号线大望路站A口
电话 010-59603999

万达新世界百货地处CBD核心的区域，交通十分便利。这里购物环境不错，平时顾客不是很多，让人感觉很轻松自在。旁边还设有沃尔玛超市和万达影城，是购物休闲的好地方。

---

5 华贸购物中心
China Central Mall

高端的购物场所 ■ 推荐星级 ★★★★

2008年落成的华贸购物中心是众多大牌云集的地方。其中譬如CHANEL、GUCCI、COACH、VERSACE等顶级品牌旗舰店达十多家，DUNHILL、BOTTEGA VENETA等名品概念店超过50家。

攻略 HOW

地址 朝阳区建国路87号
交通 乘1、57、312、666、728、810路在八王坟东站下车；地铁1号线大望路站A口
电话 010-65331155

---

6 新光天地
Shin Kong Place

顶级购物中心 ■ 推荐星级 ★★★★★

攻略 HOW

地址 朝阳区建国路87号华贸中心
交通 乘1、57、312、666、728、810路在八王坟东站下车；地铁1号线大望路站A口
电话 010-65305888

新光天地与华贸购物中心相连，这里聚集了90项国际顶级品牌、938个全球知名品牌。其中GUCCI旗舰店面积达到1300平方米，比香港中环广场店大1/10。这些旗舰店将首次同时做到货品"零时差"，每一季新品都和巴黎店或纽约店中展示的一模一样。

国贸（国际贸易中心）

237

7 友谊商店 Friendship Store

落寞的贵族 ▍推荐星级 ★★★★★

攻略HOW

地址 朝阳区建国门外大街17号
交通 乘1、43、120、666、728、802路在日坛路站下车；地铁1号线，地铁2号线建国门站B口
电话 010-65003311

友谊商店是国内第一家为常住外宾、旅游团队提供多种服务的涉外商店。在计划经济时代，友谊商店里有着大量市面上看不到的东西，如自行车、缝纫机、皮鞋、洋酒等。出入友谊商店一度是身份象征。现在随着经济的发展、周围商圈的崛起，友谊商店也风光不再，它的存在更像是一种时代的记忆。

8 赛特购物中心
Scitech Plaza

老牌的高档购物商场 ▍推荐星级 ★★★★★

攻略HOW

地址 朝阳区建国门外大街22号
交通 乘1、43、120、666、728、802路在日坛路站下车；地铁1号线，地铁2号线建国门站B口
电话 010-65124488

赛特购物中心看起来并不显眼，但在20世纪90年代它可是京城商场的"贵族"，是中国最早的中外合资企业之一。这里以经营国内外名牌精品和最新流行商品为主要特色，始终坚持自由退换货、免费全城送货、免费代客泊车等服务，在京城拥有一大批拥趸。

9 秀水街 Silk Street

名声在外的服装市场 ■推荐星级 ★★★★★

攻略HOW

地址 朝阳区秀水东街8号
交通 乘1、37、43、666、728、810路在永安里路口西站下车；地铁1号线永安里站A口
电话 010-51699003

在外国游客心中，逛秀水与游故宫、爬长城、吃烤鸭一样，是来北京必须做的事情，不少知名政要、国际巨星都曾光顾此地。2005年，商户们搬进了新建的秀水大厦，在这里，人们照样能听到摊主们操着带有各地方言口音的外语招揽生意，他们开价水分都不低，在秀水，应大胆杀价。

10 世贸天阶 The Place

最浪漫的高档购物地，电子天幕亚洲第一 ■推荐星级 ★★★★★

攻略HOW

地址 朝阳区光华路9号
交通 乘28、43、120、126、403路在芳草地南站下车；地铁1号线永安里站B口，或地铁10号线金台夕照站A口
电话 010-65871188

优雅的阶梯广场、现代气息的步行街、时尚舒适的购物环境以及每晚开启的绚丽的天幕奇观，使每一位来到这里的人都体验到一种童话般的幸福感和全方位享受的饕餮盛宴。世贸天阶汇集了世界各地时尚特色的品牌店铺，深受全球时尚青年喜爱的ZARA北京首家旗舰店便落户于此。

国贸（国际贸易中心）

方庄、潘家园 **27**
Fangzhuang & Panjiayuan

PLAY 好玩 241

EAT 好吃 242

BUY 好买 244

27 方庄、潘家园
Fangzhuang & Panjiayuan

PLAY 方庄、潘家园

好玩

1 北京欢乐谷 Happy Valley

激动人心的刺激之旅　推荐星级 ★★★★★

攻略HOW

地址 朝阳区东四环小武基北路
交通 乘31、41、680、740、753、801、840路可达；地铁1号线大望路站，转乘31路在厚俸桥南站下车；或地铁10号线劲松站，转乘41路在厚俸桥南站下车
电话 010-67383333

欢乐谷是北京最大的主题游乐园，由40多项娱乐设备、50多处人文生态景观、10多项艺术表演、20多项主题游戏组成。在这里可以尽情领略水晶神翼、太阳神车等世界六大顶级娱乐设备的刺激和激情。2010年7月，欢乐谷二期开园，增加了不少国际级的游乐项目，极具动感，刺激非常，让人乐翻天。

北京 好吃・好玩・真好买

27 方庄、潘家园
Fangzhuang & Panjiayuan

EAT 好吃

1 方庄美食一条街
Fangzhuang Food Street
一条街吃遍东西南北　推荐星级 ★★★★

方庄美食街位于南二环和南三环之间，它是继簋街之后的又一条特色美食街。这里菜系齐全多样，中餐、西餐都有。这条街虽然没有簋街夜夜笙歌的场面，但相比之下，餐厅的档次和整体氛围都比簋街高出不少，每天一到吃饭时间，这里都热闹非凡。

攻略HOW
- 地址：丰台区紫芳路和蒲方路上
- 交通：乘25、37、122、685、800、特3路在芳古园站下车；地铁5号线蒲黄榆站B、C口

2 都一处 Duyichu
京城著名老字号　推荐星级 ★★★★

攻略HOW
- 地址：丰台区蒲芳路1-6号方庄芳城园美食街15号楼
- 交通：乘25、37、122、685、800、特3路在芳古园站下车；地铁5号线蒲黄榆站B口
- 电话：010-67606235

都一处以薄皮大馅，香而多汁的烧卖闻名。方庄分店的生意一直不错，三鲜烧卖和猪肉烧卖一直卖得很好。这里也做炒菜，以鲁菜为主，可以一尝。

3 全聚德 Peking Roast Duck

北京最著名的烤鸭店　■推荐星级 ★★★★★

攻略HOW

■地址　丰台区蒲方路18号（方庄环岛东南角）
■交通　乘37、122、434、800、986、特3路在芳城园站下车；地铁5号线蒲黄榆站C口
■电话　010-67602008

全聚德的挂炉烤鸭是京城一绝，烤出来的鸭子皮质酥脆、肉质鲜嫩，飘逸着果木的清香。鸭体形态丰盈饱满，全身呈均匀的枣红色、油光润泽，让人看了赏心悦目。方庄店的装修考究华丽，服务也很到位，这里每天都顾客盈门。

4 顺峰 Shunfeng

京城粤菜第一家　■推荐星级 ★★★★★

攻略HOW

■地址　丰台区方庄路5号
■交通　乘12、37、434、511、655、986路在八里河站下车；地铁5号线蒲黄榆站C口
■电话　010-67676368

顺峰是当年北京"三刀一斧"之一，曾经是最高档的餐厅。现在的顺峰走的还是高端路线，无论是菜品、服务还是环境都无可挑剔。

5 秦记香辣蟹 Qinji Restaurant

香辣蟹和乌江鱼最出名　■推荐星级 ★★★

攻略HOW

■地址　丰台区方庄芳星园2区9号楼
■交通　乘12、37、434、511、655、986路在八里河站下车；地铁5号线蒲黄榆站C口
■电话　010-67619110

香辣蟹是继麻辣小龙虾之后京城又一股川蜀旋风，红彤彤、黄灿灿的香辣蟹又麻又辣，让人大呼过瘾。秦记的乌江鱼甚至比香辣蟹还受欢迎，肉质非常细嫩，叫人回味无穷。

方庄、潘家园

27 方庄、潘家园 Fangzhuang & Panjiayuan

北京 好吃·好玩·真好买

BUY 好买

① 潘家园旧货市场 Panjiayuan Junk Market

全国人气最旺的古旧物品市场　推荐星级 ★★★★★

潘家园旧货市场形成于1992年，是伴随着民间古玩艺术品交易的兴起和活跃逐步发展起来的，是全国品类最全的收藏品市场。主要经营仿古家具、文房四宝、古籍字画、旧书刊、玛瑙玉石、陶瓷、中外钱币、竹木骨雕、皮影脸谱、佛教信物、民族服装服饰、"文革"遗物等。市场商铺全年365天开市，地摊每周末开市，潘家园是收藏爱好者的淘宝天堂，也成为中外游客来北京必游的地方。

攻略HOW
- 地址　朝阳区潘家园路华威里18号
- 交通　乘28、368、627、802、974路在潘家园桥站下车；地铁10号线劲松站D口
- 电话　010-51204699

② 迪卡侬 Decathlon

著名运动用品超市　推荐星级 ★★★

迪卡侬来自法国，Decathlon指的是十项全能运动，他们的概念就是将所有的运动产品会聚一地，从自行车、跑步、球类运动到高尔夫球、马术无所不包。他们销售的都是自有品牌，不仅专业，而且性价比也非常高。

攻略HOW
- 地址　朝阳区东四环中路195号
- 交通　乘31、439、657、740、984、特9路在窑洼湖桥站下车；地铁1号线大望路站，转乘31路在窑洼湖桥站下车
- 电话　010-87778788

3 潘家园眼镜城
Panjiayuan Glasses Market

北京最大的眼镜批发市场　推荐星级 ★★★★

潘家园眼镜城有两处，一个是北京国际眼镜城，另一个是北京名镜苑眼镜城。这里眼镜种类和品牌都非常齐全，价格也实惠很多。高档的镜架基本上能砍到五折，镜片根据不同的品质也能打不少折，具体就要看您砍价的水平了。

攻略HOW

- 地址　朝阳区东三环潘家园东北侧
- 交通　乘28、368、627、802、974路在潘家园桥站下车；地铁10号线劲松站D口
- 电话　010-67780441（北京名镜苑眼镜城）

---

4 北京古玩城
Beijing Antique City

亚洲最大的古玩艺术品交易中心　推荐星级 ★★★★

北京古玩城坐落于京城东南，目前有500余户民营古玩经销商在这里经营古旧陶瓷、中外书画、玉器骨雕、金银铜器、古典家具、古旧地毯、古旧钟表、珠宝翠钻等十大类上千个品种的古玩。古玩城是收藏爱好者的乐园，游客到这里也可大开眼界。

攻略HOW

- 地址　朝阳区东三环南路21号
- 交通　乘51、680、852、974、988路在首都图书馆站下车；地铁10号线劲松站，转乘938专线、974路在首都图书馆站下车
- 电话　010-67747711

---

5 燕莎奥特莱斯
Yansha Outlets

北京著名名品折扣店　推荐星级 ★★★★

攻略HOW

- 地址　朝阳区东四环南路9号
- 交通　乘37、439、657、740、特9路在工大桥站下车；地铁1号线大望路站或地铁10号线劲松站，转乘801路在祁家坟站下车
- 电话　010-87386666

燕莎奥特莱斯看起来就像大仓库，这里荟萃了国内外著名和知名品牌的下架、过季商品，以非常实惠的折扣出售，让"大牌"不再遥不可及。虽说是过季商品，但款式都相当经典耐穿，一点也不落伍，质量更是没的说。

方庄、潘家园

中关村、五道口
Zhongguancun & Wudaokou

28

- PLAY 好玩 247
- EAT 好吃 249
- BUY 好买 251

28 中关村、五道口
Zhongguancun & Wudaokou

PLAY

好玩

中关村、五道口

1 北京大学 Peking University

中国近代第一所国立大学　推荐星级 ★★★★★

北京大学创办于1898年，初名京师大学堂，是中国第一所国立综合性大学，也是当时中国最高教育行政机关。北京大学校园又称燕园，由于这里自然地理条件优越，外有西山可借，内有泉水可引，早在金代就成了京郊著名的风景区，同时又是明清两代封建帝王的"赐园"。北京大学于1952年迁至此园，营建了园林化的校园环境。数百年来，虽饱经沧桑，已非原貌，但其基本格局与神韵依然存在，成为难得的历史遗产。

攻略HOW

地址 海淀区颐和园路5号
交通 乘355、681、697、731、814、运通105路在中关园站下车；地铁4号线北大东门站D口

---

2 海淀剧院 Haidian Theater

著名的文化休闲场所　推荐星级 ★★★★

海淀剧院设施非常完备，有能够容纳980个座位的大厅和两个各容纳120名观众的豪华小厅。除了新近上映的大片之外，这里还经常举行话剧演出，这里的小剧场话剧十分受欢迎。

攻略HOW

地址 海淀区中关村大街28号
交通 乘85、320、697、731、808、814路在海淀黄庄北站下车；地铁4号线，地铁10号线海淀黄庄站B口

247

3 清华大学
Tsinghua University

莘莘学子心向往之的高等学府　推荐星级 ★★★★★

攻略 HOW

地址 海淀区双清路30号
交通 乘319、562、656、697、814、982路在清华大学西门站下车；地铁4号线北大东门站D口，或地铁13号线五道口站A口

清华大学的前身是清华学堂，始建于1911年，曾是由美国退还的部分庚子赔款建立的留美预备学校。清华大学所在地原先是皇家园林清华园，雍正、乾隆、咸丰先后居住于此。校园内绿草如茵、树木成荫，各个不同时期的建筑形成各具风格的建筑群落，非常富有韵味。清华校园的美丽从朱自清先生的《荷塘月色》中可见一斑。

4 中国人民大学
Renmin University of China

中国著名高等学府　推荐星级 ★★★★

攻略 HOW

地址 海淀区中关村大街59号
交通 乘85、320、699、717、814、特4路在人民大学站下车；地铁4号线人民大学站A1口

中国人民大学是一所以人文社会科学为主的综合性大学，学校的前身是1937年诞生于抗日战争烽火中的陕北公学以及后来的华北联合大学和华北大学。中国人民大学名师辈出，才俊云集，培养出了大量领袖人才和社会精英。

5 大钟寺 Big Bell Temple

世界最大的钟悬挂于此　推荐星级 ★★★★

攻略 HOW

地址 海淀区北三环西路甲31号
交通 乘361、422、626、718、836、运通101路在大钟寺站下车；地铁13号线大钟寺站A口
电话 010－62550819
门票 10元

大钟寺原名觉生寺，建于清雍正十一年（1733），因内藏明永乐大钟，故名大钟寺。大钟寺规模宏大，是清代雍正皇帝下令建造，是皇帝祈雨和信徒朝圣的场所。寺内大钟名为华严钟，通高6.75米，外径3.3米，重约46.5吨，是我国历史上无与伦比的巨钟，在世界上也极为罕见，素有"钟王"的美称。这里也是古钟博物馆所在地。

28 中关村、五道口
Zhongguancun & Wudaokou

EAT

中关村、五道口

好吃

1 小吊梨汤 Xiaodiaolitang
京味儿私房菜 ▎推荐星级 ★★★

小吊梨汤是老北京一道秋冬季的热饮，过去京城的大街小巷，饭馆酒肆，都有它的身影。小吊梨汤主营北京的小吃和菜肴，店里充满了怀旧味道：墙上的美人月历牌、红灯笼，还有屋顶的复古吊扇，仿佛让人踏入过去的时空。这里的菜单就是两盒小木牌，想吃哪个翻过来便是，很有特色。这里菜色并不多，但每道菜都有"说头"，在这里吃的就是一种老北京文化。

● **特色菜肴：**
干酪鱼 梨球酥皮虾 小吊梨汤

攻略HOW
地址 海淀区中关村保福寺66号
交通 乘86、319、466、619、660路在保福寺桥南站下车；地铁10号线知春里站B口
电话 010-62648616

---

2 青山日本料理
Aoyama Japanese Restaurant
美味日本家常菜 ▎推荐星级 ★★★

青山日本料理是一个很不起眼的小门面，里面不大，只有十几桌的样子，很标准的和式风格，墙边上满满一架子的日文漫画随便看。这里经营的是很平常的日式家常菜式，菜式也很丰富，日式煎饼和鳗鱼饭最受欢迎，菜品的味道都很好，而且价钱很实惠。

● **特色菜肴：**
日式煎饼 照烧鸡腿饭 甜辣小章鱼

攻略HOW
地址 海淀区清华东路27号院1号楼门口（六所大厦西侧路口内）
交通 乘355、438、628、913、运通110路在六道口站下车；地铁4号线中关村站，转乘355路在六道口站下车
电话 010-62327435

3 水晶烤肉 Crystal Barbeque

特色韩国烤肉 ■推荐星级 ★★★

在五道口生活的韩国人非常多，这里的韩国烧烤很正宗。水晶烤肉很有特色，他们用耐高温的玻璃代替了传统的箅子，烤出来的肉不容易焦。刨子五花肉是这里最抢手的菜，薄薄的五花肉，铺在晶莹剔透的烤盘上，不一会儿就烤得边缘焦脆、香味扑鼻。

● **特色菜肴：**
刨子五花肉 南瓜羹 水晶炒饭

攻略HOW

地址 海淀区成府路23号韩国美食城地下一层（五道口电影院后）

交通 乘302、331、565、630、656、731路在五道口站下车；地铁13号线五道口站A口

电话 010-62327866

4 鼎泰丰 Ding Tai Fung

享誉世界的台湾小笼包专卖 ■推荐星级 ★★★★

鼎泰丰是一家很有名的台湾小吃店，被《纽约时报》评为世界十大餐厅之一。小笼包是让他们享誉全球的"拳头产品"，汁丰味美，皮薄馅多是其最大的特色。

● **特色菜肴：**
蟹粉小笼 小笼汤包 糖醋小排

攻略HOW

地址 海淀区中关村大街40号当代商城7楼

交通 乘85、320、699、717、814、特4路在人民大学站下车；地铁4号线人民大学站A2口

电话 010-62696726

28 中关村、五道口
Zhongguancun & Wudaokou

BUY

好买

中关村、五道口

1 中关村 Zhongguancun

中国的硅谷　推荐星级 ★★★★

提起中关村，人们立刻会联想到IT产品，这里以海龙、鼎好为核心，聚集了几栋专卖电子产品的大楼，构成了北京最大的电子卖场。中关村的电子产品更新快、品种全、价格低，是人们购买数码产品、电脑配件的主要场所。中关村的商贩鱼龙混杂，浑水摸鱼的事情时有发生，在购物的时候一定要货比三家，加强防范。

攻略HOW

地址 海淀区，电子商城主要集中在中关村大街

交通 乘302、681、697、717、808、运通105路在中关村南站下车；地铁4号线中关村站

2 新中关购物中心 The Gate City Mall

中关村地区的时尚消费场所　推荐星级 ★★★★

新中关购物中心和地铁相连，交通十分便利。这里引进了众多国际一线品牌、五星级国际影城、各具风味的中西知名美食和旗舰运动主力店，是集吃、购、娱、休闲于一身的商业中心。

攻略HOW

地址 海淀区中关村大街19号

交通 乘85、320、697、731、808、814路在海淀黄庄北站下车；地铁4号线，地铁10号线海淀黄庄站A1口

电话 010-82486688

251

3 海淀图书城
Haidian Book Market
图书品种全，价格实惠　■推荐星级 ★★★★

攻略 HOW
- **地址** 海淀区海淀西大街36号
- **交通** 乘374、528、740、751、982路在海淀桥西站下车；地铁4号线中关村站D口
- **电话** 010-62565648

海淀图书城是一条长200多米的步行街，整条街由籍海楼、昊海楼、中国书店及中国书店旧书廊、雪芹书画社、向阳文体用品商店等16栋建筑组成。图书城里都是各自独立的小书店，有批发兼零售的性质，价格普遍比较便宜。海淀图书城旁边的中关村图书大厦是一个大型书店，也是爱书人经常光顾的地方。

4 五道口 Wudaokou
迷你地球村　■推荐星级 ★★★★

攻略 HOW
- **地址** 海淀区西到蓝旗营，东到北京科技大学，北到北京林业大学，南到北京城市学院
- **交通** 乘302、331、565、630、656、731路在五道口站下车；地铁13号线五道口站

五道口地区，西到蓝旗营，东到北京科技大学，北到北京林业大学，南到北京城市学院，被清华、北大、地大、北语、北林、农大、北科、矿大、石油、北航等知名院校包围，由于大学院校聚集，留学生众多，这里聚集了来自100多个不同国家的人，形成了独特的文化氛围。五道口地区既有各地美食，又有时尚小店，还有别具一格的酒吧以及大型的商场和超市，一天到晚都非常热闹。

5 五道口服装市场
Wudaokou Clothing Market

京城淘衣宝地 ▍推荐星级 ★★★★

攻略HOW

五道口服装市场
地址 海淀区学院路38号金码大厦
交通 乘355、419、632、753、810路在静淑苑站下车；地铁10号线西土城站，转乘392、478、490路在静淑苑站下车

老五道口服装市场
地址 海淀区学院路科技大学西门
交通 乘26、331、438、562、656、810路在成府路口南站下车；地铁13号线五道口站，转乘331、562路在成府路口南站下车

　　五道口服装市场位于学院路北边，是周围高校学生云集的地方。这里的服装服饰以"韩版"为主，能淘到不少外贸的衣服，价钱实惠，还可以砍价。五道口服装市场由科技大学旁边的老五道口服装市场发展而来。老五道口服装市场也是北京著名服装批发市场之一，这里环境要差一些，但价格相对更便宜一些。

6 万圣书园
Wang Sheng Bookstone

享誉海内外的学人书店 ▍推荐星级 ★★★★

攻略HOW

地址 海淀区成府路蓝旗营教师家属楼5号楼
交通 乘307、331、562、656、731路在蓝旗营站下车；地铁4号线北京大学东门站B口
电话 010-62768748

　　万圣书园创办于1993年10月，是一家民营学术书店。也是学人办店的先驱。这里不仅专营人文、社科等学术思想类图书，还出售艺术、文学、音像以及精品工商管理等类图书。那些高高的书架，密密的陈书，营造着浓浓的读书氛围。万圣书园以及相连的醒客咖啡厅已经成为京城很多读书人淘书、聚会最常出没的场所，被誉为海内外学子的精神家园。

中关村、五道口

奥林匹克公园 29
Olympic Park

PLAY 好玩 255

29 奥林匹克公园 Olympic Park

PLAY 好玩

奥林匹克公园

奥林匹克公园 Olympic Park

北京2008年奥运会的心脏 ▎推荐星级 ★★★★★

攻略HOW

地址 朝阳区北京四环中路的北部
交通 乘386、407、611、740、753、939、944路在北辰桥西站下车；地铁8号线奥林匹克公园站
门票 免费

奥林匹克公园地处北京中轴线北端，是举办北京2008年奥运会的主要场地，这里拥有亚洲最大的城区人工水系、亚洲最大的城市绿化景观、世界最开阔的步行广场、亚洲最长的地下交通环廊。

●国家体育场（鸟巢）

国家体育场（鸟巢）位于北京奥林匹克公园中心区南部，为2008年第29届奥林匹克运动会的主体育场，场内观众坐席约为91000个，其中临时坐席约11000个。奥运会、残奥会开闭幕式、田径比赛及足球比赛决赛在这里举行。

255

北京 好吃·好玩·真好买

●国家游泳中心（水立方）

国家游泳中心又被称为"水立方"，位于北京奥林匹克公园内，与国家体育场（鸟巢）分列于北京城市中轴线北端的两侧，也是北京奥运会的标志性建筑物之一。奥运会期间，国家游泳中心承担游泳、跳水、花样游泳、水球等水上项目的比赛。现在作为北京最大的游泳馆对公众开放。

●国家体育馆

国家体育馆是北京奥运会三大主场馆之一，它以中国"折扇"为设计灵感，采取由南向北的波浪式造型，屋面轻盈而富于动感。这里举办了2008年北京奥运会的竞技体操、蹦床和手球比赛。

●奥林匹克森林公园

奥林匹克森林公园在贯穿北京南北的中轴线北端，位于奥林匹克公园的北区，这里被称为第29届奥运会的"后花园"。主湖区"奥运湖"和景观河道构成了奥林匹克森林公园中的"龙"形水系，在这条水系中，龙的身体蜿蜒穿越森林公园，张开的龙嘴对着清河，而其尾巴则环绕着国家体育场。森林公园内绿树成荫，百花齐放，生机盎然，一派原始田园风光。

2 中国科学技术馆新馆
China Science And Technology Museum

中国唯一的国家综合性科技馆　■推荐星级 ★★★★★

攻略HOW

地址 朝阳区北辰东路5号
交通 乘328、425、518、628、751、836路在豹房站下车；地铁8号线森林公园南门站C口
电话 010-59041000
门票 30元

中国科学技术馆是中国唯一的国家综合性科技馆。这里有大量可让参观者亲身参与的展览装置，展示了电磁、力学、机械、声光、信息、核技术等多种学科的基本原理和科技成果。科技馆内的穹幕影厅是世界最大的同类影厅之一，超大的电影画面和逼真的音响效果，使观众仿佛置身于电影情景之中。科技馆还专为小朋友们量身定做了儿童科学乐园，让孩子们在无拘无束的玩耍中学习。

3 国家动物博物馆
National Zoological Museum of China
中国最大的动物博物馆 ■推荐星级 ★★★★

国家动物博物馆由动物标本馆和动物展示馆两部分组成。展示馆展示了5000多件动物标本，几乎包括了中国版图上的所有动物种类。动物标本馆则是亚洲馆藏量最大的动物标本收藏机构，馆藏各类动物标本530余万件，很多都是难得一见的珍品。

攻略HOW
- **地址** 朝阳区北辰西路1号院5号
- **交通** 乘328、379、419、630、751、836、949路在中科院地理所站下车；地铁8号线奥林匹克公园站A1口
- **电话** 010-64807975
- **门票** 40元，通票60元（含博物馆参观和4D电影）

---

4 中华民族园
Chinese National Culture Park
走进民族大家庭 ■推荐星级 ★★★★

中华民族园是一座大型人类学博物园。园区内建有中国56个民族的博物馆，按1∶1的比例重现和复建了民族建筑和民族地区景观。这里经常举办各种各样的民族特色活动，以淳朴的民风，极富感染力的形式，让人们了解和体会多彩的中华民族文化和民族风情。

攻略HOW
- **地址** 朝阳区民族园路1号
- **交通** 乘386、407、611、740、753、939、944路在北辰桥西站下车；地铁8号线，地铁10号线北土城站A口
- **电话** 010-62063640
- **门票** 90元，学生65元

---

5 炎黄艺术馆
Yanhuang Kunsthalle
欣赏中国传统美术的好去处 ■推荐星级 ★★★

攻略HOW
- **地址** 阳区亚运村慧忠路9号
- **交通** 乘108、387、408、653、803、984路在炎黄艺术馆站下车；地铁5号线惠新西街北口站，转乘379、406、运通110路在炎黄艺术馆站下车
- **电话** 010-64912902

炎黄艺术馆是由我国著名画家黄胄先生发起创建的我国第一座民办公助的大型艺术馆。炎黄艺术馆以收藏当代中国画为主，同时收藏古代中国字画、文物，近年来又收藏了数百件彩陶、陶俑和民间艺术品，吸引了大量美术爱好者前去参观学习。

奥林匹克公园

颐和园、香山

Summer Palace & Xiangshan

30

PLAY 好玩
259

30 颐和园、香山 Summer Palace & Xiangshan

PLAY 颐和园、香山

好玩

1 颐和园 Summer Palace

中国现存规模最大，保存最完整的皇家园林 ▌推荐星级 ★★★★★

攻略HOW

- **地址** 海淀区新建宫门路19号
- **交通** 乘331、375、634、697、718、801路在颐和园北宫门站下车；地铁4号线北宫门站C口
- **电话** 010-62881144
- **门票** 旺季4月1日～10月31日，30元；淡季11月1日～次年3月31日，20元；学生半价

颐和园原名清漪园，始建于公元1750年。咸丰十年（1860），清漪园被英法联军焚毁。光绪十四年（1888），慈禧太后以筹措海军经费的名义动用3000万两白银重建，改称颐和园，作为消夏游乐之地。从此，颐和园成为晚清最高统治者在紫禁城之外最重要的政治和外交活动中心，是中国近代历史的重要见证与诸多重大历史事件的发生地。

颐和园是以杭州西湖风景为蓝本，汲取江南园林的造园手法而建成的一座大型天然山水园，也是保存得最完整的一座皇家行宫御苑，被誉为皇家园林博物馆。它主要由万寿山和昆明湖组成，占地290.8公顷，其中水面约占3/4。环绕在山、湖之间的宫殿、寺庙、园林建筑可分成三大区域：宫廷区以仁寿殿为中心，慈禧晚年大部分时间在这里垂帘听政；居住区以玉澜堂、乐寿堂、宜芸馆为主体，帝后生前在这里起居生活；游览区融山水、建筑、花木为一体，是当时统治者的游憩之处。佛香阁是全园的建筑中心，踞山面水、金碧高耸；昆明湖水天空阔，旖旎动人。

② 卧佛寺 Wofo Temple

北京西山著名的寺院　推荐星级 ★★★★★

攻略HOW

地址 海淀区香山卧佛寺路

交通 乘331、505、630、634、696、运通112路在卧佛寺站下车；地铁4号线北宫门站，换乘331、634、696路在卧佛寺站下车

门票 5元

卧佛寺与香山毗邻，始建于唐朝贞观年间，距今已有1300余年的历史。卧佛寺原名兜率寺，元时扩建名昭孝寺，清雍正十三年(1735)重建更名为十方普觉寺。寺庙因寺内供奉着一尊用50万斤铜铸就的释迦牟尼卧像而远近闻名。这尊铜像为元代所造，铸佛用工7000人，是中国古代的宗教艺术珍品。

③ 香山 Xiangshan

满山红叶闻名于世　推荐星级 ★★★★★

攻略HOW

地址 海淀区西北郊小西山山脉东麓

交通 乘318、331、360、634、696、714路在香山站下车；地铁4号线北宫门站，转乘331路在香山站下车

电话 010-62591155

门票 旺季4月1日～10月31日，10元；淡季11月1日～次年3月31日，5元；学生半价

香山公园是一座著名的具有皇家园林特色的大型山林公园，这里古迹丰富珍贵，亭台楼阁似星辰散布山林之间。香山的红叶最为著名，每到秋天，漫山遍野黄栌树树叶变得火红，整座山仿佛被点着了一样。这些黄栌树是清代乾隆年间栽植的，200多年来，逐渐形成拥有94000余株黄栌树的林区。每年10月中旬到11月上旬是观赏红叶的最好季节，红叶延续时间通常为1个月左右。

4 北京植物园
Beijing Botanical Garden

我国北方最大的植物园　▋推荐星级　★★★★★

攻略HOW

- **地址** 海淀区香山卧佛寺路
- **交通** 乘331、505、630、634路在北京植物园南门站下车；地铁4号线北宫门站，换乘331、634、696路在卧佛寺站下车
- **电话** 010-62591561
- **门票** 10元，学生半价

北京植物园是一个集科普、科研、游览等功能于一身的综合性植物园，园内拥有各类植物3000多种。温室展览区是游览的重点，展览温室是目前亚洲最大的展览温室，展示热带、亚热带植物3100余种。展示独木成林、绞杀、板根、老茎生花等奇特现象。

5 圆明园 Yuanmingyuan

秋日的银杏林最动人　▋推荐星级　★★★★★

攻略HOW

- **地址** 海淀区清华西路28号
- **交通** 乘319、320、438、664、697、826路在圆明园南门站下车；地铁4号线圆明园东门站A口
- **电话** 010-62628501
- **门票** 10元，学生半价

圆明园与颐和园相毗邻。它由圆明园、长春园、万春园三园组成。是清朝帝王在150余年间创建和经营的一座大型皇家宫苑。它继承了中国3000多年的造园传统，既有宫廷建筑的雍容华贵，又有江南水乡园林的曲折多姿，同时，又汲取了欧洲的园林建筑形式，把不同风格的园林建筑融为一体，在整体布局上使人感到和谐完美，被誉为"一切造园艺术的典范"和"万园之园"。

不幸的是这一世界名园于1860年10月惨遭英法联军野蛮的劫掠焚毁，以后又经历了无数次毁灭和劫掠，一代名园最终沦为一片废墟。现在这里被开辟成圆明园遗址公园，供人们参观凭吊。

颐和园、香山

6 碧云寺 Biyun Temple

西山风景区中最精美的古刹 ▌推荐星级 ★★★★★

碧云寺创建于元至顺二年(1331)，距今已有600多年的历史。碧云寺清静幽雅，北轴心的水泉院以卓锡泉闻名，泉水自岩壁间涌出，水味甘甜，是听泉的好地方。寺内的金刚宝座塔是仿北京五塔寺建造的，雕刻异常精美。

攻略HOW

地址 海淀区香山东麓香山北门出口

交通 乘318、331、360、634、696、714路在香山站下车；地铁4号线北宫门站，转乘331路在香山站下车

门票 10元

7 八大处 Badachu

历史悠久的佛教寺庙园林 ▌推荐星级 ★★★★★

八大处公园位于北京市西郊西山风景区南麓。八大处因保存完好的八座古刹而得名。这八座古刹分别创建于唐、宋、元、明各朝，经历代重修，迄今古建筑群仍保存完好。八座古刹和著名的"十二景"分别承载着博大精深的中国佛教文化和中国文人文化。八大处公园也是秋天观赏红叶的绝好地点。

攻略HOW

地址 石景山区西山风景区南麓

交通 乘347、389、489、622、958、972路在八大处站下车；地铁1号线苹果园站，转乘972路在八大处站下车；或地铁2号线积水潭站，转乘347路在八大处站下车

电话 010-88964661

门票 10元，学生半价

北京好吃好玩真好买

编写组

执行主编：许睿 苏林

编写组成员：

陈 永	陈 宇	崇 福	褚一民
付国丰	付 佳	付 捷	管 航
贵 珍	郭新光	郭 政	韩 成
韩栋栋	江业华	金 晔	孔 莉
李春宏	李红东	李 濛	李志勇
廖一静	林婷婷	林雪静	刘博文
刘 成	刘 冬	刘桂芳	刘 华
刘 军	刘小凤	刘晓馨	刘 艳
刘 洋	刘照英	吕 示	苗雪鹏
闵睿桢	潘 瑞	彭雨雁	戚雨婷
若 水	石雪冉	宋 清	宋 鑫
苏 林	谭临庄	佟 玲	王恒丽
王 诺	王 武	王晓平	王 勇
王宇坤	王 玥	王铮铮	魏 强
吴昌晖	吴昌宇	武 宁	肖克冉
谢 辉	谢 群	谢 蓉	谢震泽
谢仲文	徐 聪	许 睿	杨 武
姚婷婷	于小慧	喻 鹏	翟丽梅
张爱琼	张春辉	张丽媛	赵海菊
赵 婧	朱芳莉	朱国樑	朱俊杰

责任编辑：王　颖
内文排版：城市地标
责任印制：闫立中

图书在版编目（CIP）数据

北京好吃好玩真好买 /《好吃好玩》编写组编著
. -- 北京：中国旅游出版社，2011.2（2012.1重印）
（好吃好玩系列）
ISBN 978-7-5032-4109-3

Ⅰ．①北… Ⅱ．①好… Ⅲ．①旅游指南-北京市
Ⅳ．①K928.91

中国版本图书馆CIP数据核字(2011)第009985号

书　名	北京好吃好玩真好买
编　著	《好吃好玩》编写组
出版发行	中国旅游出版社
	（北京建国门内大街甲9号 邮编：100005）
	http://www.cttp.net.cn　Email:cttp@cnta.gov.cn
	营销中心电话：010-85166503　85166517
经　销	全国各地新华书店
印　刷	北京金吉士印刷有限公司
版　次	2011年2月第1版　2012年1月第2次印刷
开　本	787毫米×1092毫米　1/16
印　张	16.5
印　数	8001-13000册
字　数	280千
定　价	39.8元

ISBN 978-7-5032-4109-3

版权所有　翻印必究
如发现质量问题，请直接与营销中心联系调换